大学生法治教育价值取向研究

杨 超 著

上海大学出版社
·上海·

图书在版编目(CIP)数据

大学生法治教育价值取向研究/杨超著.—上海：上海大学出版社,2023.6
 ISBN 978-7-5671-4708-9

Ⅰ.①大… Ⅱ.①杨… Ⅲ.①社会主义法制－法制教育－教学研究－高等学校 Ⅳ.①G641.5

中国国家版本馆 CIP 数据核字(2023)第 082942 号

责任编辑　位雪燕
封面设计　缪炎栩
技术编辑　金　鑫　钱宇坤

大学生法治教育价值取向研究
杨　超　著
上海大学出版社出版发行
(上海市上大路99号　邮政编码 200444)
(https://www.shupress.cn　发行热线 021-66135112)
出版人　戴骏豪

*

南京展望文化发展有限公司排版
句容市排印厂印刷　各地新华书店经销
开本 710mm×1000mm　1/16　印张 11.25　字数 190 千字
2023 年 6 月第 1 版　2023 年 6 月第 1 次印刷
ISBN 978-7-5671-4708-9/G•3500　定价　58.00 元

版权所有　侵权必究
如发现本书有印装质量问题请与印刷厂质量科联系
联系电话: 0511-87871135

FOREWORD 前言

价值取向之于教育活动具有先行性,其合理化关系到教育本质和目的的有效实现。处于社会急剧转型和全球化、网络化时代背景下的当代大学生法治教育正面临着前所未有的挑战和机遇:一方面,现阶段的大学生法治教育与急剧转变的社会需求和全球化、网络化的时代条件存在种种不适应;另一方面,当下中国新时代法治化进程的加速,又为大学生法治教育提供了转型与重建的重大机遇。

大学生法治教育当下困境的深层意蕴,不仅在于其与社会的经济、政治迅速发展不相适应,更在于其与整个社会法治文化建设不相契合的根基。如果缺少对法治文化的认知和认同,忽视与法治文化建设的互动关系,一味强调适应经济、政治发展的需要,将使大学生法治教育越来越失去"神韵",丢失"灵魂",实践中必将无所适从甚至迷失前进方向,从而难以取得令人满意的效果。因此,从与法治文化建设的互动关系去思考大学生法治教育的合理价值取向,为大学生法治教育各方面、各领域的改革提供方向性指导,是对大学生法治教育改革整体性的、带有根本方向性的深层次思考。

从与法治文化建设的互动关系审视大学生法治教育,研究大学生法治教育的合理价值取向,贯穿的一条主线是:大学生法治教育如何与法治文化建设实现良性互动,使法治成为大学生生活中不可或缺的组成部分,成为他们的一种生活方式。

从与法治文化的互动关系中探寻大学生法治教育的合理价值取向,需要对法治教育与法治文化的本质联系,特别是大学生法治教育与法治文化建设的互动关系进行历史解读和价值追问。法治教育与法治文化之间除了在历史发展过程上的契合性和在现实功能作用上的相互促进性外,还存在根本价值诉求上的一致性。实现法的至上性与人的至尊性的统一,是法治文化的根本价值诉求,其实质是使人能够在一个和谐有序的社会环境中得到自由全面发展。而这也是大学生法治教育的根本价值取向,是大学生法治教育与法治文化建设互动关系的共同价值基础。因此,从这个意义上说,大学生法治教育就是要实现大学生的自由全面发展,这种自由全面发展是大学生个体发展与社会发展、个体价值与社会价值的有机统一。

从与法治文化的互动关系中探寻大学生法治教育的合理价值取向,需要对大学生法治教育的历史变迁和现实状况进行梳理、总结和反思。梳理我国大学生法治教育的历史变迁,可以发现其价值取向的嬗变:从服从"政治挂帅"需要到围绕"以经济建设为中心",折射出的是"社会本位""工具主义"的价值取向。在这样的价值取向下,大学生的个体需要被社会所淹没,主体地位被忽视,在某种意义上大学生法治教育成了"适应"政治、经济发展需要的工具。而就一个时期大学生法治教育的现状来看,"回归人的发展",突出大学生的"主体地位",无疑是一个巨大的进步。但是,由于对法治文化的误读导致了大学生法治教育在价值取向上的种种偏差,从而使之在某种程度上又重新落入"工具主义""适应论"窠臼。因此,必须跳出"适应论"思维,赋予大学生法治教育"法治文化"之灵魂,通过法治文化功能的发挥主动"引领"社会的法治化进程。这无疑可以为我国当下大学生法治教育改革提供有益启示。

他山之石,可以攻玉。世界上一些国家通过公民教育等方式所进行的学校法治教育的理论和实践,不仅内容丰富,且各具特色,值得借鉴。通过考察这些国家学校法治教育的历史发展、基本特征,特别是学校法治教育与法治文化建设的互动关系,可以发现:国外一些国家的学校法治教育与本国法治文化的形成与发展存在着密切的关系,在教育目标、教育内容、实现途径及方法等方面都以时代变迁、社会发展对公民的"规格"要求为导向,同时又凸显人文关怀,关注学生个性完善与发展;既保持开放,相互学习、借鉴,同时又坚持本国、本民族法治文化的传统的"根"。这些无疑为我们思考我国大学生法治教育的价值取向提供了有益的国际经验。

实现大学生法治教育与法治文化建设的良性互动,最终使法治成为大学生的一种生活方式,需要大学生法治教育价值取向的变革。这种变革不仅涉及教育价值观层面,还涉及教育目标、教育内容、教育评价乃至教育教学模式等各个方面,一定意义上就是赋予大学生法治教育"法治文化"的"灵魂"。这种变革的基本路向是:从认识大学生法治教育的深层价值出发,确立科学发展的教育价值观,突出"以学生为本",全面发展、协调发展和可持续发展。将法治的精神与价值贯穿于大学生法治教育的各方面和全过程,必须完善以法治素养为依归的教育目标体系;必须优化以法治信仰为核心的教育内容结构;必须建立以大学生成长、成才和发展为指向的发展性教育评价机制。同时,要建立与法治文化良性互动的大学生法治教育,还必须处理好大学生法治教育与家庭、社会法治教育,大学生法治教育与道德教育,大学生法治教育与中小学生法治教育以及大学生法治教育自身不同发展阶段之间的关系,构建起全员、全方位、全过程的大学生法治教育育人机制。

CONTENTS 目录

绪论 ·· 1
 一、问题的提出 ·· 1
 二、研究的意义 ·· 5
 三、相关研究综述 ·· 10
 四、研究思路及方法 ·· 20

第一章　概念界定：法治、法治文化、法治教育 ································· 25
第一节　法治与法制 ·· 25
 一、关于法制 ·· 26
 二、关于法治 ·· 27
第二节　法治文化与法律文化 ·· 29
 一、关于文化、法律文化 ·· 29
 二、关于法治文化 ·· 30
第三节　法治教育与法制教育 ·· 32
 一、关于法制教育 ·· 32
 二、关于法治教育 ·· 33
第四节　大学生法治教育 ··· 37
 一、大学生法治教育的对象 ·· 38
 二、大学生法治教育与高校法治教育 ·· 38
 三、大学生法治教育与普法教育 ·· 39

第二章　理论基础：法治文化与法治教育的关系 …… 42

第一节　马克思主义的相关理论 …… 43
一、马克思主义经典作家的相关理论 …… 43
二、中国化马克思主义的法治建设思想 …… 48

第二节　法治文化与法治教育的关系 …… 52
一、法治文化与法治教育的历史契合性 …… 52
二、法治文化与法治教育的互适性 …… 57
三、法治文化与法治教育价值诉求的一致性 …… 62

第三章　历史嬗变：大学生法治教育价值取向回顾 …… 71

第一节　大学生法治教育发展的基本历程 …… 71
一、大学生法治教育的初步探索 …… 71
二、大学生法治教育的恢复与发展 …… 74
三、大学生法治教育的全面推进 …… 77

第二节　大学生法治教育价值取向的历史嬗变 …… 79
一、从服从"政治挂帅"需要到围绕"经济建设为中心"的转变 …… 79
二、从"文本"式向"人本"式的转变 …… 80

第三节　大学生法治教育历史发展的启示 …… 83
一、大学生法治教育要"目中有人" …… 83
二、大学生法治教育要完善各阶段、各方面"良性互动"的教育机制 …… 85
三、大学生法治教育要强化大学生法治信仰的生成 …… 86
四、大学生法治教育要以提升大学生的法治素养为依归 …… 87

第四章　现状反思：大学生法治教育价值取向反思 …… 90

第一节　"05方案"对大学生法治教育的推进 …… 90
一、教育目标定位于素质教育 …… 91
二、教育内容趋向多元 …… 93
三、课程设置逐步稳定，教材建设进步显著 …… 95
四、教育方法由单向灌输向多样互动式发展 …… 96

第二节　现阶段我国大学生法治教育存在的主要问题…………………… 98
　　一、大学生法治教育改革形式多样但缺少"灵魂"…………………… 98
　　二、大学生法治教育改革缺少深层次的立足点………………………… 99
　　三、大学生法治教育改革内在动力不足 ……………………………… 100
第三节　现阶段我国大学生法治教育价值取向的反思 ……………………… 101
　　一、对法治文化的误读带来的危害 …………………………………… 101
　　二、时代呼唤大学生法治教育价值取向的变革 ……………………… 103

第五章　国际经验：国外学校法治教育的启示 ………………………… 106
第一节　国外学校法治教育发展的基本历程 ………………………………… 106
　　一、国外学校法治教育的萌芽 ………………………………………… 106
　　二、法治主义传统的形成与学校法治教育的发展 …………………… 107
第二节　国外几个典型国家学校法治教育发展的概况 ……………………… 109
　　一、美国学校法治教育发展的概况 …………………………………… 109
　　二、法国学校法治教育发展的概况 …………………………………… 113
　　三、日本学校法治教育发展的概况 …………………………………… 115
　　四、新加坡学校法治教育发展的概况 ………………………………… 118
第三节　国外学校法治教育发展的趋势与启示 ……………………………… 121
　　一、国外学校法治教育发展的几个趋势 ……………………………… 121
　　二、国外学校法治教育发展对大学生法治教育的启示 ……………… 123

第六章　变革路向：与法治文化建设良性互动 ………………………… 126
第一节　确立与法治文化相契合的大学生法治教育价值观 ………………… 126
　　一、认识大学生法治教育的深层价值 ………………………………… 127
　　二、确立科学合理的大学生法治教育价值观 ………………………… 128
第二节　完善大学生法治教育的目标体系、内容结构和评价机制 ………… 133
　　一、完善大学生法治教育目标体系 …………………………………… 133
　　二、优化大学生法治教育内容结构 …………………………………… 137
　　三、建立发展性法治教育评价机制 …………………………………… 141

第三节 构建全员、全方位、全过程育人的大学生法治教育实施机制 …… 144
    一、构建学校法治教育与家庭、社会法治教育的协同机制 …… 145
    二、构建法治教育与道德教育深度融合的、高效的德育机制 …… 150
    三、构建大学生法治教育与中小学生法治教育相互衔接配合的机制 …… 152
    四、构建贯穿于大学生法治教育全过程的育人机制 …… 154

结语：让法治成为大学生的一种生活方式 …… 156

参考文献 …… 159

后记 …… 170

绪　论

随着信息社会和网络文化的迅速崛起,人类各种不同文化包括法律文化频繁接触、碰撞与融合,不同的价值观念、风俗习惯、法律和道德规范以及生活方式相互交织成一幅多元文化的图景;人们的社会角色、利益关系多元而衍生出的价值取向、目标追求和思维方式也呈现多样且分化的场景。对于这样的"多元文化"和"价值分化"的冲击,处于向法治政府、法治国家、法治社会转型背景下,我国大学生法治教育原有模式不可避免地在发展过程中遇到了巨大的挑战,面临着转型与重建。对大学生法治教育的历史解读、理论反思和实践体验都迫使我们不断地追问这样的问题:大学生法治教育的本质和使命是什么?我国当下大学生法治教育究竟存在什么问题?这些问题产生的根源在哪里?大学生法治教育怎样才能实现进一步发展?要取得更好的成效必须从哪些方向努力?这些不仅是当下我国大学生法治教育实践所面临的突出问题,也是高校思想政治教育理论研究所迫切需要解决的重要课题。这些问题集中到一点,就是大学生法治教育的价值取向问题。因为,价值取向问题作为人们判断、选择、实施教育活动的理想和价值追求,其变革及合理化直接关系着大学生法治教育本质和目的的有效实现。

一、问题的提出

"一个时代所提出的问题,和任何在内容上是正当的因而也是合理的问题,有着共同的命运:主要的困难不是答案,而是问题。因此,真正的批判要分析的不是答案,而是问题。"①

---

① 《马克思恩格斯全集》(第40卷),人民出版社1982年版,第289页。

（一）大学生法治教育的现实追问

大学生法治教育是社会主义法治教育的一个重要组成部分,早在中华人民共和国成立初期所进行的《中华人民共和国宪法》的学习和宣传活动中,它就被置于特别重要的地位。但是,在随后一段较长的时期里,由于法律虚无主义的盛行,我国大学生法治教育基本处于停顿和被忽视状态。改革开放以来,我国社会主义法治建设不断展现生机,得到了迅速发展,高校大学生法治教育无论在理论上还是在实践上都有了很大的突破。比如,从大学生法治教育主渠道的课程教学看,从最早在"形势与任务"课上开设法律基础知识的专题讲座开始,到作为大学生思想政治教育必修课的"法律基础"课的独立开设,再到当下高校思想政治理论课改革"05方案"四门必修课之一的"思想道德修养与法律基础"课的设置,我国高校大学生法治教育从无到有,得到了长足发展。与此同时,大学生法治教育的理论研究也得到加强,无论是基础研究还是应用研究,近年来都有所涉及,且研究方法日益多样化。尽管如此,就总体情况尤其是实效性来看,我国高校大学生法治教育的现实状况同社会发展与社会主义法治国家建设实践的需要及党和国家对当代大学生的法治素养要求相比还有不小的差距,存在着种种的不适应。而随着我国社会的进一步转型,人们生存方式(生产方式、生活方式、交往方式等)的进一步变化所引起的利益多元化、需要多样性,加上高校招生规模不断扩大带来的学生群体规模的庞大,现有大学生法治教育所存在的问题日益突出,主要表现为以下几个方面。

第一,少数大学生知法犯法,高校的法治生态呈现出某种程度的危机。由于我国社会正处于急剧转型的过程中,物质文明的巨大发展、法治建设包括法治教育的不断进步,却似乎并没有带来人们所预期的社会法治状况的明显改善,在社会的某些方面和某些领域甚至出现了引发全社会关注的"法治危机"。这种"法治危机"在高校中也同样存在。近年来,一些大学生网购、网贷和求职被骗的案件以及涉及大学生安全的重大案件屡有发生;同时,一些高校中大学生违法犯罪现象甚至恶性事件也时有发生,从刘海洋伤熊案到马加爵故意杀人案以及一系列大学生盗窃、诈骗案,不仅在高校内也在全社会产生了十分恶劣的影响。尽管这种"法治危机"产生的重要背景是社会变革、社会转型,产生的原因也是多方面的,但一个根本的因素还是大学生缺乏对法治的认知、认同,缺少由法律知识转化为法治意识、再由法治意识转化为法治行为方式的有效机制。绝大多数违法犯罪的大学生并不是不知道违法犯罪行为本身的违法性及可能产生的不利后果,却仍然选择"有条件地挑衅"法律,对法律抱世故、势利的态度,这是值得人们深思的。部分大学生知法犯法,高校所呈现出的这种"法治危机",折射出的正是传统大学生法治教育的困境。

第二,一些大学生的权利义务观出现缺位和越位,仅有的对法律规则的片段了解未上升为法律情感和意志,未能对行为产生足够的良性影响。我国社会主义法治建设深入发展的过程中,人们的权利意识进一步觉醒,这是社会进步的体现。但是,大学生的权利意识在相应提高的同时,其权利义务观却呈现某种程度的缺位和越位。① 所谓"缺位"是指当代大学生应有的权利义务观"不到位"或者根本没有树立,比如对"捡到东西要归还"这样的问题,不少大学生只认为是道德义务,却不知道也是法律义务。至于"父母是否应当承担其大学学习期间的费用"这样的问题,认为"理所应当"或者"不大清楚"的也不在少数。一部分大学生身上存在着所谓的责任和义务"休眠"的现象。而"越位"则指在权益诉求上,大学生在权利"觉醒"的同时,存在着对社会、家庭和他人过分"苛求"的明显"自利"倾向,这种"自利"倾向又明显超出现实法律规定和道德伦理底线。这表明,不少大学生对一些法律规则的了解和认识是片面的,很大程度上仅停留在形式上,并没有领会法律的基本精神和追求理念。这种浅层次的认知,由于没有上升为法律情感和意志,未能对行为产生足够的良性影响。这从另一个侧面凸显出当下大学生法治教育面临的挑战,而从某种意义上讲,这也正是大学生法治教育对当下急剧变化发展着的社会"不适应"的一种反映。

第三,大学生法治教育资源缺乏有效整合,无论是横向配合还是纵向衔接都尚未真正形成合力。长期以来,大学生法治教育过分偏重课堂教育,忽视课外教育资源(包括学校、社会和家庭)的利用与整合,存在着与社会脱节的现象。而就课堂教育来看,现行思想政治理论课改革"05方案"实施以来,"思想道德修养与法律基础"课的设置,虽然在形式上完成了道德与法律的衔接、贯通,但事实上两者的"融合""一体化"还远未实现。在具体操作中,法治教育与思想道德教育"分而治之"从而"貌合神离"的现象还依然存在。而从纵向看,虽然在教育目标、教育要求等方面国家已有比较明确的规定,但在实际操作中,大学生法治教育与同

---

① 尹晓敏、陈新民:《大学生权益意识的教育引导论》,《高教研究》2007年第1期,第109页。

属于学校法治教育系列的中小学生法治教育在内容等方面还存在重复等衔接问题。这反映了人们对现有课程体系从内容、性质和要求方面的认识还不深透,同样也反映了当下我国大学生法治教育所存在的问题。

由此,呈现在我们眼前的是这样一幅矛盾交织的情景:一方面是党和国家以及社会和高校自身对大学生法治教育都寄予极高的期待并不断"重视""加强";另一方面则是高校法治生态客观存在着某种意义上的"困境"。大学生法治教育究竟如何走出这样的"困境"并发挥其应有的作用,这需要我们进一步从深层次去反思。

(二) 从与法治文化建设互动中寻找出路

"依法治国,建设社会主义法治国家"在1999年被写入宪法,从而以国家根本大法的形式确定下来,标志着我国的社会主义法治建设步入了"全面推进依法治国,建设社会主义法治国家"的崭新阶段。这意味着我国法治建设的重心由法律制度建设层面开始转向更高层次的法治心理、法治意识及法治文化建设层面。这种转变也意味着社会主义法治教育——作为社会主义法治建设的基础性环节,其价值取向正在发生重大转变。这种转变同样要求大学生法治教育自觉地思考、合理地确定自己的价值取向。

教育活动是人为的社会实践活动,充满价值色彩并为一定的价值追求而存在。教育发展的历史,就是教育自身的价值不断展现、价值取向不断变迁的历史。作为有组织、有计划、自觉地以培养、提高人的思想政治素养为目的的思想政治教育尤其如此,它明确地体现并指示着人的发展和社会发展的方向性和价值取向。大学生法治教育是高校思想政治教育的重要组成部分,大学生法治教育活动绝不是价值"无涉"的,相反,它是一项充满文化底蕴的价值活动。每个时代、每次大学生法治教育生存环境的变迁,大学生法治教育实践都要重新考虑价值取向问题,这直接决定着大学生法治教育实践的现实形态。我国当下经济、社会的转型不只是制度层面的改变,从某种意义上讲更是一种深层次文化的变迁。如果我们只重视制度特别是法律制度的改变而忽视法律文化的变迁,其结果必然出现所谓的"两张皮"并存现象:一方面是不断"完善"的正式制度特别是法律制度这张"皮";另一方面则是广泛盛行的与传统法律文化相适应的潜规则这张"皮"。同样的,如果大学生法治教育只强调适应社会、经济发展的需要,而脱离特定的法律文化土壤,缺少相应的法律文化认同,也将难于取得令人满意的效果。正如有学者指出的"离开了特定的文化环境,思想政治教育就失去了最主要的载体及特定支撑"①。我国当下大学生法治教育所存在的某种意义上的"困境",从深层次讲,其是与法律文化变迁脱节相联系的。如何走出这种"困境"?从根本上讲,这是一个关系到大学生法治教育价值取向变革的问题。要解决这一问题,就要对大学生法治教育的价值取向问题进行追问和反思。

法治是人类社会发展进步的必然趋势,法治文化是直接与法治相联系的,体现法治的精神与理念、原则与制度、运作实践与生活方式的一种进步法律文化形态。法治的最终实现绝不是简单的法律制度规范和抽象的观念理念,而是"人的生存模式的根本性转变和重塑,也就是生活在法治社会的人的行为准则、生活习惯、价值取向、思维方式等内在文化机理的转变"②。从文化层面讲,法治就是一种生活方式。法治文化建设,就是要确立起一种法治的生活方式。党的十八大提出要扎实推进社会主义文化强国建设,文化建设被摆到了更加突出的位置。法治文化建设是社会主义文化建设的重要内容,也是当下我国社会主义法治建设的核心内容。推进法治文化建设,引导人们形成法治生活方式的主要途径在于扎扎实实、不断深入和推进包括大学生法治教育在内的社会主义法治教育。因此,从与法治文化的互动关系中审视大学生法治教育的价值取向,通过价值取向的变革推进大学生法治教育的有效展开和深入发展,这是当前以及今后一个时期内改革和完善我国大学生法治教育、推进对大学生思想政治教育研究的重大课题。

二、研究的意义

根据哲学上的观点,人类的任何实践和认识活动都永恒地具有两个方面的内容指向和目的:一方面是弄清楚世界的本来面目,即要回答"是什么"的问题;另一方面是弄清楚这个世界同人类生存和发展的关系,即要懂得应该怎样对待世界上的一切现象。前者是追求知识、科学、真理,后者则是把握价值,实现价值③。因此,价值是人类活动的动力因素。研究大学生法治教育的价值取向目的无外乎两个方面:一是认识大学生法治教育这一教育现象产生、发展变化的

---

① 沈壮海:《思想政治教育的文化视野》,人民出版社 2005 年版,第 1 页。
② 李龙、罗丽华:《法治的生活之维——走向"生活世界"的中国法治导论》,《法制与社会发展》2009 年第 1 期,第 59 页。
③ 李德顺:《价值论》,中国人民大学出版社 1997 年版,第 31—32 页。

规律等实然状态,从而寻找到如何改造大学生法治教育的出发点;二是认识大学生法治教育同其主体的依存关系,认识它的价值取向,寻求价值实现的方法与路径。近年来,高校思想政治教育学科化、科学化得到长足发展,理论研究不断深入,尤其是学者对思想政治教育不断进行价值追问,使得人们对思想政治教育的价值取向问题有了更加深入的认识。作为高校思想政治教育重要组成部分的大学生法治教育,是实现思想政治教育目的的重要途径之一。因此,对大学生法治教育不断进行价值追问,进行价值取向的反思,对大学生法治教育的理论研究和改革实践都具有重要意义。

(一) 理论意义

教育价值是教育哲学的核心问题,正如教育哲学家陆有铨所指出的那样,它不是既定的知识、不是现成的结论、不是实例的解说、不是枯燥的条文,而是追问教育观念的前提、探寻教育常识的根据、反思历史进步的尺度、推敲评价真善美的标准。① 可以说,教育的价值取向是任何教育活动的先行问题。大学生法治教育活动也同样需要解决这个"先行问题"。在大学生法治教育活动中,无论是相关的宏观决策和理论研究,还是大学生法治教育的教育目标、教育内容和教育方法的选择,抑或是大学生法治教育理论研究和实践的推进,都离不开相应的价值取向的先行导向作用。

首先,大学生法治教育价值取向的研究关系到大学生法治教育目标的确立、教育内容的选择。大学生法治教育无论是其总体教育目标还是具体教学目标的确立,都离不开其自身价值取向的指引。同任何教育活动一样,大学生法治教育是一种有意识、有目的的实践活动,其目标的确立实质在于满足大学生主体对法治的需要。由于不同的主体及同一主体在不同时期对法治教育的需要是多样的、变化的,法治教育首先要对这些多变、多样的需要进行选择。事实上,大学生法治教育目标的确定既要符合教育主要是思想政治教育的一般规律,也要符合法治教育和法治文化建设的特殊规律,试图从单一角度看待此问题都是简单化的、片面的。法治教育目标的这种特性决定了大学生法治教育的主体必须在多重价值中选择出合乎自身需要的教育目标。不仅如此,大学生法治教育的内容也同样受大学生法治教育的价值取向的制约。由于价值观念

---

① 孙正聿:《关于哲学教育改革的几个问题》,《哲学基础理论研究》2009年,第128—136页。

的差异,大学生法治教育主体对所希望的教育内容有不同的倾向性,因而会选择不同的内容,确定不同的教育重点。只有在正确的教育价值观指导下,才能选择合理的教育内容和设计教育过程,才能科学地优化和整合教育资源。因此,确立科学、合理的价值取向对大学生法治教育目标和内容的选择与确定有重要意义。

其次,大学生法治教育价值取向的研究关系到人们对大学生法治教育功能的认识。通常,"价值是一个主客体之间需要与满足的关系范畴"[①],是客体所具有的功能或者说属性对主体需要的满足。由此,功能与价值具有内在联系,不可分离,事物如果不具有满足人的需要功能和属性,便没有价值;同样的,事物具有的功能和属性如果不与主体需要结合,同样不能产生价值。价值取向作为对价值的一种较为直接和集中的认识和把握,对其深入研究,提高对其的认识和把握,可以使我们进一步深化对功能的认识。可以说,大学生法治教育的价值取向是对大学生法治教育本身的价值较为直接和集中的认识和把握,它理应肯定大学生的正当需求并尽可能满足这些需求。因此,价值取向的把握关系到大学生法治教育活动的功能的认识,进而关系到这些功能的实现。

再次,大学生法治教育价值取向的研究关系到人们对大学生法治教育效果的评价。当大学生法治教育主体以一定的价值观去审视大学生法治教育活动时,必然要对大学生法治教育进行评价,以表达教育主体的价值理念,而教育评价就不能不带有一定的倾向性。也就是说,大学生法治教育价值取向是基于主体对大学生法治教育价值带有主观判断、情感体验的反映的,能够给予主体一定的价值规范和导向。因此,它构成了大学生法治教育价值观与大学生法治教育实践之间的中间环节。正是通过这个中间环节对教育主体的影响,使大学生法治教育的活动趋于多样化,大学生法治教育评价的内涵亦更丰富。

最后,大学生法治教育价值取向的研究关系到大学生法治教育政策的制定。"教育政策的制定与实施,本质上是教育政策主体的一种利益表达与整合过程。"[②]关于教育价值取向,人们在不同的历史时期、不同的价值主体和价值态度下有着不同的认识。在这一问题上,长期以来较为突出的是精英主义与平等主义以及相应的有关效率与公平关系问题的论争,这种论争的实质则是其背后所

---

① 武步云:《马克思主义法哲学引论》,陕西人民出版社1992年版,第440页。
② 祁型雨:《教育政策价值取向的几个基本理论问题探讨》,《沈阳师范大学学报(社会科学版)》2006年第3期,第9页。

透射出的不同的教育价值取向。现实中,各种有关大学生法治教育政策的实质往往是不同的大学生法治教育价值取向的反映和体现。还应指出的是,教育活动的多样化是现代高等教育发展的潮流,就法治教育而言,每个大学生法治教育主体所理解的大学生法治教育价值取向是其活动得以多样化的前提。明确大学生法治教育价值取向在其中的独到作用,有助于教育主体依照自身的价值理念和目标更加自觉地去开展大学生法治教育活动。

因此,在理论上,对大学生法治教育价值取向的研究,可以深化大学生法治教育理论。因为明晰大学生法治教育的价值取向,能够更清晰地揭示这种教育本身所追求的理想和目的,进而认识这种"理想和目的"是如何体现在大学生法治教育的实践活动中,并使之得以实现。研究大学生法治教育价值取向,有利于人们对大学生法治教育本身存在的根基进行理性反思,形成正确的大学生法治教育价值观。因为大学生法治教育的不同学科定位,不同学者观点的分歧与对立都源于隐藏于其后的不同价值观。教育价值观是否正确及其正确程度,直接关系到人们在大学生法治教育实践中的理论自觉。一段时期以来,我国大学生法治教育的理论研究已经越来越受到人们的关注和重视,从性质到功能、从内容到方法、从目标到模式都有论及,但多数学者的研究还仅限于对大学生法治教育"是什么"的实证考察。不可否认,大学生法治教育实证考察是一个重要方法,据此我们可以将理论探讨建立在可靠的基础上,但这仅仅是理论研究的起点。对大学生法治教育价值取向的研究则可以实现从"是什么"到"应该是什么"的理论飞跃,实现从感性研究到理性研究的飞跃。另一方面,价值取向问题的研究可以开阔大学生法治教育研究的理论视域。因为大学生法治教育当然得遵循思想政治教育学的一般规律;同时,大学生法治教育自身的内容又使其与法学存在着无法割裂的客观联系;此外,价值研究还是哲学认识论的重要内容,对大学生法治教育价值取向的研究又必须以价值哲学作为方法论。由此,大学生法治教育价值取向的研究,为价值哲学、思想政治教育学、法学等多学科的交流与对话提供了一个平台,进而可拓展包括大学生法治教育在内的思想政治教育研究的广度。

(二)实践意义

从实践上讲,大学生法治教育作为一项特殊的教育实践活动,其价值诉求已渗透大学生法治教育的各个环节,既是大学生法治教育实践活动的导向,又是一种行为动力。价值是人类活动的动力因素①,价值取向是价值的指向性,这种指向性在很大程度上决定、支配着主体的价值选择,进而对主体及主体间关系产生重大影响。教育主体包括教育者和受教育者都毫无例外地追求和向往着他所理解的教育价值及其意义,以求使自己的教育认知与教育实践趋于一致。这不仅因为教育认知来源于教育实践,也因为教育认知指导教育实践。可以说,按合理的、科学的教育价值取向来导向和规范教育实践是教育活动能否成功的关键。大学生法治教育也总是在某种既定价值取向的导向和规范下进行的,这种价值取向是否合理、科学也是其能否成功的关键。

研究大学生法治教育价值取向问题,对于实践中大学生法治教育的改革和完善是不可缺少的。首先,价值取向问题的研究可以为大学生法治教育改革实践提供根本方向指引。价值取向的变革,涉及教育深层次问题,它并不仅仅着眼于具体方式、方法等细枝末节的改良,也不是对大学生法治教育的实然状态作一个简单评价,它涉及整个大学生法治教育理念、教育模式的根本转变。换句话说,除了认识大学生法治教育的实然状态并作出相应的价值判断,从而找到如何改善的出发点外,大学生法治教育价值取向问题研究更应揭示大学生法治教育与主体——大学生的依存关系,找到其价值诉求和目标指向,进而有效展开大学生法治教育的实践。其次,价值取向问题的研究可以为大学生法治教育改革实践寻找新的形式,提供新的方法和路径。教育活动总是在教育理论的指导下进行的,教育理论及其发展状况必然影响教育实践。从某种意义上讲,教育实践的革新源于教育理论的创新。大学生法治教育的改革尤其是其价值取向的变革,同样离不开理论认识的深化和支持。我国以往的大学生法治教育改革,一方面存在着片面强调满足社会需要,从而导致所谓的大学生法治教育"目中无人"的现象;另一方面,当社会关注个体价值实现的时候,又出现了片面强调如德国近代哲学家莱布尼茨(G.W.Leibniz)所言"单子式"的个体需要,从而导致大学生法治教育出现培养以自我为中心的"精致利己主义者"的倾向。价值是一个关系范畴,价值取向的研究事实上就是"将'实践'的视界移向人与人之间的关系,将每个自我与他者同作为主体,在交往中既有对自我价值的肯定,也有对对方价值的尊重。而形成共同的或共容的价值取向,并以此来消除单子式的个体个人中心

---

① 李德顺:《价值论》,中国人民大学出版社1997年版,第31—32页。

的种种异化状态"①。

可见,研究并深入认识和把握大学生法治教育的价值取向,不仅有助于教育者提高教育实践活动中的理论自觉,从根本上防止教育教学实践发生方向性偏差,也有助于整合大学生法治教育过程的要素(内容、途径、方法等),优化资源配置,确保大学生法治教育改革的有效展开。

三、相关研究综述

(一) 关于大学生法治教育

对教育活动的研究离不开一定的人文社会科学的基础,大学生法治教育的研究也不例外,同样需要根植于广泛的学科研究基础之上。较长一段时期中,与整个国家和社会的法治建设进程相对应,我国的大学生法治教育一直处于"法制教育"或者说"法制宣传教育"的阶段。但是近年来,随着"法制教育"加速向"法治教育"的转换,学界对大学生法治教育的研究无论是在思想政治教育学科还是在法学教育学科领域都出现了一些新的动向,这些动向在一定程度上昭示着大学生法治教育价值取向研究的深化。

检索中国知网,截至2022年12月31日,限定"中文"搜索"篇名",输入检索词"大学生法治教育",得到668条符合条件的检索结果,其中学术期刊502条,学位论文80条(博士学位论文5条,硕士学位论文75条),会议3条,报纸3条,特色期刊80条;搜索"篇名",输入检索词"大学生法制教育",得到729条符合条件的检索结果,其中学术期刊586条,学位论文45条(博士学位论文2条,硕士学位论文43条),会议4条,报纸2条,图书1条,成果2条,学术辑刊1条,特色期刊88条。

检索结果显示,篇名中含有"大学生法制教育"的文章,2000年之前(含2000年)有41篇,2001—2010年有255篇,2011—2022年有433篇,从2002年至2020年保持每年两位数增长,从2016年达到峰值60篇后开始逐年下降,2021年跌至个位数增长。篇名中含有"大学生法治教育"的文章,2000年之前(含2000年)只有1篇(1999年),2001—2010年有44篇,2011—2022年有623篇。也就是说2000年之前除了1999年1篇外,没有"篇名"中含有"大学生法治教

---

① 鲁洁:《走向世界历史的人——论人的转型与教育》,《教育研究》1999年第11期,第10页。

育"的文章,2001—2010 年虽逐年增加,但每年始终保持个位数增长,而从 2011 年开始每年保持两位数增长。可见,学界关于"大学生法制教育"与"大学生法治教育"两个提法大体经过了三个阶段:第一阶段,使用"大学生法制教育",不用或很少使用"大学生法治教育";第二阶段,"大学生法制教育"与"大学生法治教育"并用阶段;第三阶段,也就是从 2015 年开始,更多的是使用"大学生法治教育",不用或很少使用"大学生法制教育",即使使用"大学生法制教育",事实上其内涵更多的是倾向于"大学生法治教育"。这表明,我国当下的大学生法治教育正经历着深刻的转型。

大学生法治教育的研究是思想政治教育学研究的重要内容,同时也是法学领域中法治史和法律思想史的重要内容,另外还是教育领域高等教育史的分支。但是长期以来,法学领域无论是法治史还是法律思想史的教科书几乎没有章节专设"法治教育",法学界所进行的"法律教育""法学教育"等都集中于"法律职业教育"或"法律专业教育",很少关注到"公民法治教育"。而由于缺乏法学专业背景和对法学专业的了解和探究,专门研究教育学的人员往往也回避法治教育问题。思想政治教育学的研究中,学者们对于大学生法治教育的研究则起步较晚,基本上是随着高校"法律基础"课的设置才逐渐关注和重视。可以说,在中华人民共和国成立后的很长一段时期中,对于大学生法治教育的研究一直没有受到学界足够的重视。但是,改革开放以来,尤其是党的十八大以来,伴随着整个国家法治进程的深入,法治国家、法治社会、法治政府建设脚步的加快,大学生法治教育问题越来越多地引起学界的关注和重视。检索中国知网,搜索"篇名",输入"法治教育",共得到 7 853 条符合条件的检索结果(截至 2022 年 12 月 31 日),包括:学术期刊 2 870 条,学位论文 665 条,会议 207 条,报纸 1 294 条,图书 4 条,成果 1 条,学术辑刊 70 条,特色期刊 2 742 条。其中关于"大学生法治教育"的共 668 条,包括:学术期刊 502 条,学位论文 80 条,会议 3 条,报纸 3 条,特色期刊 80 条。很明显,虽然专门研究法治教育特别是大学生法治教育的论著目前还很少,但相关研究成果已积累了相当的数量。纵观这些研究成果,主要内容涉及以下几个方面。

1. 关于大学生法治教育的性质与定位的研究

在提倡"法制教育"阶段,有关"大学生法制教育"的性质和定位有过较多的讨论。自 2014 年党的十八届四中全会通过的《中共中央关于全面推进依法治国若干重大问题的决定》首次以"法治教育"取代"法制教育"以来,有关"大学生法治教育"的性质和定位问题再次成为探讨的热点。纵观这些讨论,主要观点大体可以分为"独立说"和"德育说"两类,焦点是关于"大学生法治教育"究竟是否具有独立的学科属性,是"独立于德育"还是"从属于德育"的问题。比如,有学者认为,要实现法治教育的目的,需要建构一个属于法治教育本身的体系完整且地位独立的法治教育安排。他们认为,德育概念本身并不涵盖法治教育的内容,将法治教育作为学校德育的一个组成部分,那就否定了法治教育的重要地位。而大多数学者的观点是,"大学生法治教育"属于高校思想政治教育范畴,属于高校德育的重要组成部分。事实上,在党和国家的政策层面,"大学生法治教育"一直是作为高校德育或思想政治教育的一部分的,强调其是德育的重要内容,在课程设置上也是要求把法治教育融入"德育课"之中的,就是在1986年高校开设独立的"法律基础"课时,也是将其置于高校"两课"①体系中开设的。另外,虽然有一些学者认为"法治教育"与"道德教育"可以相结合、"法治教育"与"思想道德教育"是并列的,需要实现的是两者的整合,但不能就此认为他们否认"大学生法治教育"的德育属性,因为这里的"德育"无论是内涵还是外延都与"道德教育""思想道德教育"不同。

2. 关于大学生法治教育的目标与内容的研究

在对"大学生法制教育"的目标的研究中就有过"法律知识目标说""法律意识目标说""法律素质目标说""法律信仰目标说"等几种典型的观点。比如陈大文认为"大学生法制教育"就是向高校学生普及法律知识②,甚至有学者直接将"大学生法制教育"定性为"智育"。当然,也有学者早就指出了"大学生法制教育"的目标不是单纯的法律知识教育,而是全面的法律意识教育。郑咏霆认为,"大学生法制教育"是为了培养学生正确的社会主义法律态度和健全的社会主义法律意识。③ 不过,无论是"法律知识说"还是"法律意识说",其实都反映了我国高校大学生法治教育的起步阶段强调"知法守法"的客观要求,这事实上也是与我国法治建设的起步阶段的要求相一致的。我国"一五"普法规划实施期间,公民"法制教育"以及大学生"法制教育"的目标都是普及法律常识;"二五"普法规划强调"法制宣传教育的关键是培养社会主义的民主和法制观念";"三五"普法规划强调"进一步增强公民的法律意识和法制观念"。高校最初开设的"法律基础"课就其名称和教学内容都表明了其目标是普及法律常识,也就是"知法守法,

---

① 指马克思主义理论课和思想政治教育课。——笔者注
② 陈大文:《谈谈大学生法律意识教育》,《思想教育研究》1997年第5期,第29页。
③ 郑咏霆:《论高校学生法律意识的培养》,《法学评论》1986年第5期,第33页。

增强法制观念"。随着讨论的深入,尤其是 1999 年《关于深化教育改革全面推进素质教育的决定》颁布以后,关于"大学生法制教育"的目标,更多地集中于"提高法律素质"上来。比如,文江玲提出,学生不仅应当具备法律意识,还要具备将这种意识转化成运用法律的能力,大学生法治教育的目的和落脚点是提升大学生的法律运用能力。① 陈大文、刘一睿认为,"大学生法制教育"应该培养具有综合性法律素质的大学生②。

而就"大学生法治教育"的目标研究,大多数学者认为大学生法治教育的目标不仅仅是法律(治)知识教育,而是集法律(治)知识、法律(治)意识和法律(治)能力等为一体的"法律(治)素质""法律(治)素养""法律(治)品质"教育。如陈迎认为,培养知法、守法、用法、尊法的公民才是法治教育的实质目标,"大学生法治教育的目标应是让大学生真正在内心深处建立对法律的信仰,培养学生的法治思维方式"③。臧宏认为,新时期高校法治教育的目标是一个由法治观念、法治思维、法律信仰、法治行为等内容构成的多维体系,其最终目标是培养大学生成为社会主义法治的忠实崇尚者、自觉遵守者、坚定捍卫者。④ 俞钦文认为,高等教育阶段的法治教育目标则是从法治教育的内涵进行划分,首先是对法律知识体系的掌握;其次是对中国特色社会主义的法治原则、理念、精神的培育;最后是注重大学生法治思维的形成。⑤ 陈洁认为,法治教育的目标是培养公民的"法治品质",从传授法治知识入手,将社会发展所需要的公民的法治品质转化为受教育者的法治意识,建立起受教育者对法治的正面情感和评价,再通过培养受教育者的法治能力,推动受教育者将对法治的思想认识和情感体验转化为行为实践,并变为行为习惯。⑥ 彭澎认为"大学生法治教育要培养大学生具备法律知识、法治素养和法治品格"⑦。

---

① 文江玲:《当前大学生法治教育存在的问题及原因分析》,《学校党建与思想教育》2017 年第 2 期,第 63 页。
② 陈大文、刘一睿:《从普及法律常识到提升法律素质的教育——改革开放 30 年高校法制教育发展回眸》,《思想理论教育导刊》2009 年第 4 期,第 71 页。
③ 陈迎:《大学生法治教育目标及实现途径新探》,《北京经济管理职业学院学报》2017 年第 1 期,第 72—73 页。
④ 臧宏:《高校法治教育的目标体系探析》,《东北师大学报(哲学社会科学版)》2016 年第 5 期,第 193—196 页。
⑤ 俞钦文:《从法治教育目标出发探析大学生法治意识培育》,《安徽文学(下半月)》2018 年第 3 期,第 107 页。
⑥ 陈洁:《我国大学生法治教育研究》,博士学位论文,复旦大学,2012,第 39 页。
⑦ 彭澎:《高校学生法治教育发展的特性分析与定位探索》,《南昌师范学院学报》2019 年第 1 期,第 64—67 页。

与大学生法治教育的目标相对应,关于大学生法治教育的内容,学者们大多围绕"普及法律知识""培育法治意识""提升法治实践能力"等几个层面展开,在此基础上产生了多种不同的提法。比如孙蓉认为大学生法治教育内容应该包括法律基础知识内容、法律意识内容、法治情感内容、法治能力等多方面的内容;① 段伟利认为,大学生法治教育的内容分为四个方面:法律知识的掌握、法治意识的提高、法治思维的养成、法治实践的强化。② 董超认为,大学生法治教育内容应当是一个有机的育人体系,包括法治知识教育、法治价值观教育和法治信仰教育。③ 康琴认为,大学生法治教育主要内容:一是普及社会主义法治知识;二是强化社会主义法治理念;三是培育社会主义法治思维;四是内化社会主义法治信仰;五是开展社会主义法治实践教育。④

3. 关于大学生法治教育的问题和对策的研究

以往有关"大学生法制教育"存在的问题,学者们从不同角度、不同侧面进行了分析和概括。大体包括:在定性、地位方面认识存在的偏差和观念滞后问题;在内容、方式方面偏重法律规范知识传授,忽视法律观念、意识等价值引导,教学方式单一,忽视实践性教学环节;在实施机制和管理体制方面存在"大学生法制教育"与道德教育、课堂理论教育与课外实践教育的脱节问题等。近年来,有关大学生法治教育存在问题的研究,一方面基本延续了过去的研究框架,主要从认识与定位方面问题、内容与形式方面问题、实施途径和方式方面的问题展开。如徐趁丽、陈小平认为大学生法治教育存在的最突出问题是:定位存在边缘化的危险、师资存在不足的问题、内容存在陈旧和局限性的问题。⑤ 张永波认为,大学生法治教育存在的问题是:法治教育认知不足、法治教育方式方法单调、教师法治素养不高、法治教育内容偏少等。⑥ 董翼专门就大学生法治教育在内容与方法方面的问题进行了分析,认为大学生法治教育存在的主要问题是:内容存在"三化"现象(即教育内容附属化、重复化和法学

---

① 孙蓉:《全面推进依法治国背景下大学生法治教育的内容探讨》,《法制博览》2015 年第 20 期,第 299 页。
② 段伟利:《大学生法治教育研究》,硕士学位论文,渤海大学,2017,第 20—21 页。
③ 董超:《依法治国视野下大学生法治教育研究》,硕士学位论文,西安科技大学,2017,第 36 页。
④ 康琴:《新时代大学生法治教育研究——以成都地区六所高校为例》,硕士学位论文,成都理工大学,2021,第 9 页。
⑤ 徐趁丽、陈小平:《公民意识视阈下大学生法治教育的现状及路径》,《法制与社会》2016 年第 36 期,第 222 页。
⑥ 张永波:《大学生法治教育的问题与对策》,《法制与社会》2020 年第 30 期,第 153—154 页。

知识专业化)、方法存在"三分离"现象(即理论教育与实践教育分离、线下教育与线上教育分离、显性教育与隐性教育分离)。① 值得一提的是,程连珍除了认为大学生法治教育的内容不能满足实际需求和法治中国建设的要求、大学生法治教育方式单一外,还关注到了大学生法治教育资源配置不合理、缺乏浓厚的法治教育氛围的问题。②

就大学生法治教育改进的对策,学者们的基本的思路是:从提高认识、丰富内容、创新方法和夯实师资力量等方面入手。如程连珍认为,改进大学生法治教育的对策是提高对法治教育的认识,加大师资队伍建设,优化配置法治教育资源,使用多种方式进行法治教育,创建良好的法治教育校园环境和教育环境③。董翼认为深化大学生法治教育的对策是:树立大学生法治教育的科学理念是加强与改进大学生法治教育的关键,整合与优化大学生法治教育内容有利于解决教育内容存在的现实问题,促进大学生法治教育目标的实现,综合运用与拓展实施大学生法治教育的方法或途径,有利于解决方法之间的分离以及实施途径的实效问题,全面提升大学生法治教育队伍的素质是深化大学生法治教育的组织保障。④

值得关注的是,已有学者开始从文化的角度进行思索和考虑大学生法治教育。任雪丽分析了我国传统文化、社会、校园环境中的一些因素可能会弱化高校法治教育的效果,指出:中国传统文化的消极因素不利于法律信仰的确立;现实生活中存在的司法不公、司法腐败现象等社会环境因素直接影响了大学生们的价值判断和观念生成;以电视、互联网为代表的大众传媒对法治教育的部分负面作用等。⑤ 汪金英、王大奇在《中华优秀传统法律文化融入大学生法治教育探析》一文中提出:中华优秀传统法律文化是法治文化中的民族性精粹,在培育主体意识、权利意识、平等意识、理性精神等方面蕴含着巨大的教育潜能。面对西方思潮的冲击和多元价值观的涌现,用中华优秀传统法律文化为法治教育赋新注能行之必要、行之可为、行之有路。以守正创新为基本遵循,以形式改革为活力源泉,以"四个自信"为内生动力,以国际交流为外在动力,将中华优秀传统法律文化融入法治教育,使其不断完善并逐步推向常态

---

① 董翼:《大学生法治教育存在的主要问题及对策思考》,《思想理论教育》2016年第3期,第62—64页。
② 程连珍:《大学生法治教育现状及改进对策》,《法制与社会》,2016年第34期,第246—247页。
③ 程连珍:《大学生法治教育现状及改进对策》,《法制与社会》,2016年第34期,第247页。
④ 董翼:《大学生法治教育存在的主要问题及对策思考》,《思想理论教育》2016年第3期,第66页。
⑤ 任雪丽:《影响高校法制教育的消极因素探析》,《法制与经济》(中旬刊)2008年第9期,第115页。

化、深入化。① 李禹潞、张磊、李肃霜在《法治文化融入高校大学生思想政治教育工作的实践向度》一文中指出，将法治文化融入高校大学生思想政治教育工作是高校依法治校的一项重要措施，有利于高校治理能力的提升，可以进一步完善高校现代化治理体系。高校应加强法治文化融入大学生思想政治教育工作，找准现实问题，创新解决思路，探寻其具体工作逻辑，着力实现大学生思想政治教育工作的制度化、科学化、规范化、多样化、信息化的实践向度。② 赵艳敏在《高校法治文化融入大学生思政教育的路径探析》一文中认为，高校法治文化是社会主义法治文化进校园的体现。高校法治文化融入大学生思想政治教育是培育大学生法治思维、实现高校治理现代化、提升思想政治教育实效的重要方式。高校法治文化融入大学生思想政治教育的路径是多元化的，可以通过渗透式融入大学课堂、感召式融入校园环境、开放式融入网宣平台建设、互动式融入思想政治教育育人全过程，实现第一课堂与第二课堂的联动，通过营造法治文化氛围，让大学生全方位、全过程地掌握法律知识，提升法治素养。③ 江雪松在《迈向文化的大学生法治教育创新》一文中认为，国家治理离不开文化与法治，文化发展意味着人类文明进步，而法治是人类文明进步的重要标志。文化与法治互为表里，彼此作用，文化是体，法治是用。经由对法治变迁的文化把脉，注重理性与德性交融的"文化法治"，理应在大学中率先培育。当前大学生法治教育面临内容比重失衡、形式单向灌输、主体身份淡化等现实困境。"文化法治"强调沟通理性、公共参与、社会利益，大学据此建构主体间性，创新法治教育范式，不断丰富学法形式、明确尚法导向、锻炼用法能力，推进依法治校与大学自治，有助于为法治中国培养优秀公民。④

此外，有关中外高校大学生法治教育的比较研究也开始受到关注。较长时期以来，学界对境内外大学生法治教育的比较研究少之又少，针对大学生法治教育比较研究的成果更为鲜见。仅有的研究成果也主要是对境外一些国家和地区"青少年法治教育"或"学校法治教育"所作的一般介绍。但是近年来，对境内外大学生法治教育的比较研究日益受到关注，基本集中于两个方面：一是对国内

---

① 汪金英、王大奇：《中华优秀传统法律文化融入大学生法治教育探析》，《高校辅导员学刊》2021年第4期，第47页。
② 李禹潞、张磊、李肃霜：《法治文化融入高校大学生思想政治教育工作的实践向度》，《黑龙江高教研究》2021年第2期，第131页。
③ 赵艳敏：《高校法治文化融入大学生思政教育的路径探析》，《高教论坛》2022年第10期，第10页。
④ 江雪松：《迈向文化的大学生法治教育创新》，《江苏高教》2015年第1期，第90页。

外大学生法治教育的比较,主要是与美国、日本、韩国、新加坡等国的比较。这些国家的学校法治教育历史悠久,有着丰富经验和自身特色。他们通过"公民教育"等途径对青少年所进行的法治教育为改进我国大学生法治教育提供了有益的启示和经验。如舒娅娜的硕士学位论文《中美大学生法制教育比较研究》,对中美两国的大学生法治教育的发展历程、教育内容、教育途径分别进行了比较,从中获取改善我国大学生法治教育的启示;闻凌晨的硕士学位论文《中美法治课程比较研究》则从课程视角包括课程目标、课程内容、课程组织及课程实施等方面对中美两国的法治教育进行了比较;常素芳的论文《比较视域下中国与新加坡的青少年法制教育》,对中国与新加坡青少年法制教育做了比较,提出了要借鉴新加坡的经验,建构中国青少年法制教育新模式的主张;汪蓓的论文《中日青少年法治教育改革比较研究》[①],在对中日两国青少年法治教育改革的背景与理念比较分析的基础上,提出了将法治教育融入"心灵教育""个性教育""生存能力教育"的主张。[②] 二是与我国港澳台地区的大学生法治教育的比较,如魏美梅、陈瑞贞的论文《香港大学生法治意识及法律普及教育探讨——基于穗港澳三地大学生法治意识比较调查》,在对穗港澳三地大学生的法治意识进行调查的基础上,提出了未来香港地区法律普及教育发展的方向。[③]

由上可知,学界关于大学生法治教育的研究已经积累了比较丰富的研究成果,但不可否认的是,这些研究成果大多还停留在对已有大学生法治教育理论的修正、补充、论证和丰富或实践中的细枝末节、方法的改变上,缺少对大学生法治教育理论的立场性、方向性反思,尤其是缺少从文化变迁的深层次上进行价值追问。只有深入到价值层面,对大学生法治教育进行价值追问,才能从根本上解决当下我国大学生法治教育所面临的问题与困境,找到变革的方向和路径。

(二) 关于教育及大学生法治教育价值取向

价值取向(value orientation)是 19 世纪下半叶开始在西方兴起的价值哲学流派的一个重要概念,它指的是"价值标准所取的方向",也就是一定的主体在面

---

① 汪蓓:《中日青少年法治教育改革比较研究》,《新疆师范大学学报(哲学社会科学版)》2016 年第 1 期,第 129—134 页。
② 汪蓓:《中日青少年法治教育改革比较研究》,《新疆师范大学学报(哲学社会科学版)》2016 年第 1 期,第 129—132 页。
③ 魏美梅、陈瑞贞:《香港大学生法治意识及法律普及教育探讨——基于穗港澳三地大学生法治意识比较调查》,《青年探索》2011 年第 6 期,第 36—37 页。

对或处理各种矛盾、冲突时,从他自己所秉持的特定价值观出发,而所持的基本价值立场、态度以及所折射出的基本价值倾向。价值取向问题涉及价值主体需要的认识、价值客体属性的把握和价值活动效果的评价。

1. 关于教育价值取向的研究

价值取向概念引入教育领域后,被广泛用于研究教育的价值取向。在西方,将价值范畴引入教育领域后,在研究教育价值取向问题上基本上形成了以下两种思路:一是国家中心主义的"社会本位论"思路。这一思路以社会发展为出发点,强调教育对社会发展的促进作用,主张教育的所有方面都应该纳入国家需求的轨道,其代表人物包括柏拉图(Plato)、亚里士多德(Aristotle)、凯兴斯泰纳(Kerschensteiner)等。二是个人中心主义的"个体本位论"思路。这一思路以个体发展为出发点,强调教育对个体发展和完善方面的促进作用,主张教育活动应从受教育者的本性出发,要增进受教育者的个人价值,使受教育者的个性得到充分发展,使之成为一个自由、完善和和谐发展的人。持这种"个体本位论"观点的主要代表人物包括约翰·杜威(John Dewey)、让-雅克·卢梭(Jean-Jacques Rousseau)、亚伯拉罕·马斯洛(Abraham H. Maslow)、卡尔·兰塞姆·罗杰斯(Carl Ransom Rogers)等。比如,卢梭深刻认识到了封建专制社会对个体人格的摧残和压抑,就此阐述了他的自然与社会对立的观点,极力颂扬人的自然本性,因而推崇自然的教育。而马斯洛的人本主义心理学理论,在教育价值取向上也同样关注人的发展,特别是关注人尚未充分发展的那部分潜能和价值的实现。无疑,学校的教育过程总是在一定的价值体系之上进行的,这一价值体系本身蕴涵着特定的价值追求或价值取向。美国芝加哥大学著名社会科学家盖茨尔斯(Getzels)指出:"今天学校所面对的中心问题,就像它一直所面对的问题一样,是价值问题……我们这些教师及父母,在目标、课程、方法、人事……所做的选择,全都是建立在某种价值系统之上的……一旦脱离我们的主导价值,及其正在经历的价值转向和分裂这一社会背景,就将无法理解。"[①]在我国,自20世纪80年代开始,有学者关注于当代中国教育价值取向问题,主要围绕以下两个方面的问题展开了探讨:一是反思当代中国教育价值取向存在的偏差。代表性的学者如叶澜教授,她在对中华人民共和国成立以来40年中的教育价值取向历史分析的基础上,指出当代中国教育价值取向存在的偏差主要表现为片面强调教育的

[①] 张新平:《教育组织范式论》,江苏教育出版社2001年版,第155—156页。

社会工具价值而忽视教育激发个体潜能发挥和培育个性等个体价值,片面强调教育为政治、经济服务而忽视教育自身的特点和发展规律。① 二是提出了各种各样的教育应有价值取向的论点和主张。这些论点和主张概括起来不外乎教育"社会价值取向论"、教育"个人(体)价值取向论"和教育"社会价值取向与个人(体)价值取向结合论"。"结合论"主张试图兼顾教育的社会价值取向和个人(体)价值取向,其目的是好的,但这种"结合"的基础是什么?要不要通过某种中介环节进行连接?这些关键问题尚无统一结论或认识,有待深入研究。因为没有一定的中介环节连接,难免会陷入社会价值取向与个人(体)价值取向到底谁适应谁的工具主义思维中,所谓的"结合"也难免落空。

2. 关于大学生法治教育价值取向的研究

大学生法治教育属于学校教育的系列,同样是建立在某种价值体系之上的,同样蕴涵着自身特定的价值或价值取向。作为高校思想政治教育的重要内容,有关思想政治教育整体价值取向问题的研究,无疑也会对大学生法治教育价值取向的研究具有指导意义。在此,近年来有关思想政治教育价值取向已有不少研究涉及,有了长足的进步。在思想政治教育的一些教材和专著中,已有不少论及并进行了不同程度的探索。其中,代表性的专著是张耀灿等著、人民出版社出版的《现代思想政治教育学》,该著作专设"思想政治教育价值论"一章,从宏观到微观对思想政治教育价值问题进行了系统论述。21世纪以来,有关思想政治教育价值取向的研究进一步深入,最具代表性的成果是项久雨著、中国社会科学出版社出版的《思想政治教育价值论》。该书被看作是我国专门对思想政治教育价值问题从价值哲学高度进行系统、深入研究的第一本专著。另外,张耀灿的专著《思想政治教育学前沿》第二章"价值追问"中,对思想政治教育价值问题的研究与认识进行了历史回顾,概括了思想政治教育价值论研究的主要论域并进行了简评。许鲁州、陈燕则专门分析了社会转型时期思想政治教育价值取向变革的根本原因、内部动力、现实力量,并指出了四个转变趋势:从革命批判型转向建设借鉴型、从伦理政治型转向借鉴文化型、从封闭型转向开放型、从模仿型转向创造型。②

这些研究成果无疑为大学生法治教育价值取向的研究提供了良好的学科基

---

① 叶澜:《试论当代中国教育价值取向之偏差》,《教育研究》1989年第8期,第28—32页。
② 许鲁州、陈燕:《试谈社会转型时期思想政治教育的价值取向》,《青岛职业技术学院学报》2003年第1期,第1—4页。

础,但不可否认的是,专门研究大学生法治教育价值取向的成果极少。根据"中国学术文献网络出版总库",输入检索词"大学生法制教育价值取向"或"高校法制教育价值取向",篇名检索仅有胡姝发表在《辽宁教育研究》2006年第8期上的《普通高校法制教育的价值取向及实现路径》1篇论文;主题检索也只有8篇论文涉及。胡姝从提升大学生法律素质、培养大学生法律意识及法律信仰等方面论述了新时期法制教育的价值取向,并从更新法制教育理念、加强教师队伍建设和强化教学管理等方面论述了实现法制教育价值取向的路径。① 而输入检索词"大学生法治教育价值取向"或"高校法治教育价值取向",篇名检索结果都显示为0篇,主题检索的结果分别为7篇和5篇。总的来说,关于大学生法治教育价值取向的研究还刚刚起步,研究水平还远远落后于整个思想政治教育价值问题的理论研究。而在我国当代发展中,法治教育又具有特别重要的意义,因而通过大学生法治教育价值取向的深入研究以解决大学生法治教育目前面临的问题、推进大学生法治教育的改革与发展是一项紧迫的任务。

大学生法治教育价值取向的相关理论研究目前尚处于初创阶段,不可避免地存在着一些局限:比如基本概念的界定不够清晰、统一,课程性质定位存在模糊认识,相关研究理论性还不强,深度研究还有待加强,法治教育与其他部分特别是法治教育与思想道德教育的系统整合研究不够。这种状况不仅不利于大学生法治教育实践的有效展开,也制约着大学生法治教育理论研究的进一步深入。值得指出的是,已有的涉及大学生法治教育价值取向的研究,仍然单方面从适应社会需要或适应大学生个人需要出发,还很少从如何使社会需要与大学生个人需要统一的角度进行探讨,反映了大学生法治教育与法治文化建设的脱节。因此,现实发展迫切需要我们对大学生法治教育进行科学的价值审视,在与法治文化建设的互动中揭示其根本价值取向及其变革的根据,进而找到其价值实现的有效途径和办法。

四、研究思路及方法

(一) 研究思路

如前所述,价值取向之于教育活动具有先行性,价值取向的合理化关系着教

---

① 胡姝:《普通高校法制教育的价值取向及实现路径》,《辽宁教育研究》2006年第8期,第48—50页。

育本质和目的的有效实现。而教育的价值取向又往往与特定的文化相联系,教育若脱离特定的文化土壤,缺少相应的文化认同,必然难以取得令人满意的效果。本书正是要深入到文化层面,揭示大学生法治教育与法治文化建设的互动关系,并由此出发,研究大学生法治教育的价值取向及其变革的方向和路径。为此,全书贯穿的一条主线是:大学生法治教育如何与法治文化建设实现良性互动——使法治成为大学生生活中不可或缺的组成部分,成为大学生的一种生活方式。本书的基本思路是:从与法治文化的互动关系揭示大学生法治教育价值取向变革方向"为什么必要";从与法治文化的互动关系揭示大学生法治教育价值取向变革方向"为什么可能";国内外法治教育与法治文化的互动关系的实践为我国大学生法治教育价值取向变革提供了哪些方向性的有益的启示和经验;探索大学生法治教育如何走出"当下困境",实现价值取向变革的基本路径。

本书由绪论加六章和结语组成,具体篇章结构体系如下。

绪论:主要从大学生法治教育的当下"困境"入手,从与法治文化的互动关系揭示大学生法治教育价值取向变革方向的必要性和重要意义。与此同时,对研究思路和所采用的研究方法等做出说明。

第一章:概念界定:法治、法治文化、法治教育。着重对于大学生法治教育价值取向研究相关的几个基本概念,如法治、法治文化、法治教育、大学生法治教育等作出界定,为深入研究大学生法治教育价值取向问题做理论准备。

第二章:理论基础:法治文化与法治教育的关系。着重从历史发展过程、现实功能作用和根本价值诉求等三个方面揭示法治教育与法治文化的互动关系,从这种互动关系认识和把握大学生法治教育价值取向变革的可能性及其基本依据,进而为大学生法治教育价值取向的变革实践提供方向性的理论指导。

第三章:历史嬗变:大学生法治教育价值取向回顾。通过梳理我国大学生法治教育的历史发展,分析其价值取向的历史嬗变,总结其发生、发展、演变的基本规律和趋势,为大学生法治教育价值取向的变革与调整提供借鉴。着重分析法治文化如何影响大学生法治教育价值取向的确立,反思我国大学生法治教育对法治文化解释是否全面。

第四章:现状反思:大学生法治教育价值取向反思。主要通过对我国当下大学生法治教育现状的反思,分析现实中大学生法治教育存在的主要问题,特别是对工具主义价值取向形成的原因、影响及后果进行价值取向追问,分析当下大学生法治教育对法治文化的误读而引起的价值取向的偏差及产生问题的根源。

第五章：国际经验：国外学校法治教育的启示。主要对国外几个典型国家的公民教育中有关学校法治教育发展与法治文化的互动关系进行解读，分析其价值取向的演变和发展趋势，总结经验，为我国大学生法治教育价值取向变革提供借鉴。

第六章：变革路向：与法治文化建设良性互动。主要从理念、目标、内容、评价等方面阐述与法治文化建设协调的大学生法治教育价值取向调整的应然选择，着重阐明大学生法治教育价值取向调整的前提、出发点和调整的基本途径。同时，阐明大学生法治教育价值取向调整应当处理好的几个方面的重要关系。

结语：让法治成为大学生的一种生活方式。主要是对全书内容做概括性总结和补充说明，结合现状将研究意义引向纵深。

（二）研究方法

本书试图从法治文化建设与大学生法治教育互动关系的视角研究大学生法治教育价值取向变革问题，采用的基本研究方法是马克思主义的唯物辩证法。在对大学生法治教育价值取向的研究中，坚持从事物的客观本性出发，把握大学生法治教育的客观现实并作出价值判断；坚持用联系的观点，分析影响和决定大学生法治教育价值取向的各种因素（特别是文化因素），揭示它们相互间的内在联系；坚持用发展的观点，分析大学生法治教育价值取向的发展演变，总结其规律和趋势。本书研究采用的具体研究方法如下。

1. 文献研究法

文献研读与分析是理论研究必备的方法之一，无论是确定选题还是写作过程中都离不开这一研究方法。本书采用文献研究法，通过查阅书籍、著作以及检索期刊网，全面收集改革开放四十年多来与本研究课题相关的研究成果，包括查阅国内外有关"教育价值取向""思想政治教育价值取向""大学生法治教育价值取向""法治文化"等研究的学术专著和教材；在全国中文期刊数据库以及全国优秀硕士、博士论文数据库中检索关于"教育价值取向""思想政治教育价值取向""大学生法治教育价值取向""大学生法治教育与法治文化"主题的研究论文。在对这些文献进行梳理、分析的基础上，了解相关的研究现状，总结其所取得的进展、存在的缺陷以及面临的困惑，对大学生法治教育与法治文化建设之间的逻辑、历史和现实几个维度进行审视和分析，从一个新的视角感受大学生法治教育的文化意蕴。

2. 历史与逻辑相结合的方法

"我们如果对任何事物,对政治或其他各问题,追溯其原始而明白其发生的端绪,我们就可获得最明朗的认识。"[①]历史是一面镜子,追溯历史可以为思想带来启迪。由于国外与大学生法治教育相关的教育如公民教育的开展已有相当长的历史,积累了较多经验,而我国高校开展大学生法治教育也从中华人民共和国成立起就一直断断续续地进行,特别是已经经过了改革开放四十多年来的洗礼。本书的研究对这个历史过程,也必然会用科学的历史分析方法和逻辑分析方法,理清其历史发展的脉络,总结其变化发展的基本特点和规律,进而为揭示大学生法治教育的价值取向变革提供历史依据。因此,历史与逻辑相结合的方法也是本书采用的一个重要方法。

3. 跨学科研究的方法

跨学科研究的方法是要通过超越以往分门别类的研究方式,实现对问题的整合性研究。大学生法治教育本身就涉及马克思主义哲学、法学、教育学等诸多学科,大学生法治教育的研究也具有跨学科和多学科交叉的性质。因此,本书的研究具有跨学科特点,横跨马克思主义哲学、教育学、法学、思想政治教育学和文化学等多个学科,依托多学科门类和知识,并用多种方法。

研究大学生法治教育价值取向问题,实质上是对大学生法治教育本质和使命的追问。虽然已有一些学者开始从文化的视角来研究大学生法治教育的改革和发展问题,但总体上这些研究还较为零散,还有待系统深入的分析。从法治文化视角去研究大学生法治教育的价值取向还刚刚开始,已有的这些研究大多局限于从校园文化建设角度分析如何加强大学生法治教育,未能从与整体的法治文化建设互动的视角思考大学生法治教育的完善与发展。同时,国外又根本没有与"思想政治教育"和"大学生法治教育"直接对应的概念,而只有"道德教育""国民教育"和"公民教育"等概念,这为我们分析和借鉴国际经验带来了困难。尽管如此,本书仍然力图作一尝试,把大学生法治教育置于其与整体的法治文化建设互动关系的视域考察,探寻大学生法治教育价值取向的变革历程及变革路向。希望这一尝试能为提高我国大学生法治教育的有效性拓宽领域,同时为法治文化建设提供帮助。

本书在对大学生法治教育及其相关概念作出界定的基础上,对法治文化与

---

① 亚里士多德:《政治学》,吴寿彭译,商务印书馆1981年版,第4页。

大学生法治教育的互动关系作了初步探索和揭示,同时还从纵向上分析了我国高校大学生法治教育价值取向的历史嬗变及现阶段大学生法治教育对法治文化误读而带来的危害等。本书提出了一些新的观点,大学生法治教育具有双重使命,一方面是培育和提高大学生的法治素养,帮助大学生成长成才,更好地实现自由全面的发展;另一方面是推动整个社会的法治文化建设,促进社会法治化的进程。大学生法治教育价值取向变革必须跳出被动适应的"适应论"思维定式,发挥法治教育的文化功能,主动引领法治文化建设。本书指出了大学生法治教育价值取向变革的基本方向是与法治文化契合,赋予大学生法治教育以"法治文化"的"灵魂",实现与整个社会的法治文化建设的良性互动,使法治真正成为大学生的一种生活方式。而如何实现这种"良性互动",本书提出了一个"基本前提",即认识大学生法治教育的深层价值,构建与法治文化契合的大学生法治教育价值观。至于将法治的精神和价值贯穿于大学生法治教育的各方面和全过程,本书提出了三条基本路径:完善以法治素养为核心的目标体系、优化以法治信仰为依归的内容结构和构建以大学生全面发展为指向的发展性评价机制。另外,本书还指出了要实现大学生法治教育与法治文化建设良性互动,就必须构建大学生法治教育与家庭、社会法治教育的协同机制,大学生法治教育与道德教育深度融合机制,大学生法治教育与中小学生法治教育以及大学生法治教育自身不同发展阶段之间的衔接配合机制。这些观点具有一定的创新性,相信这些探索可以为进一步拓展大学生法治教育价值取向的研究提供新的思路。

第一章
概念界定：法治、法治文化、法治教育

概念是思维的基本形式，概念不清，思维难免就会陷入混乱。当下有关大学生法治教育的认识并不一致，原因之一便是相关概念的界定不清。对于大学生法治教育及其相关的法治、法治教育等概念，不同的时期、不同的领域，针对不同的研究对象，存在不同的表述，在这些概念的内涵上，也有不同的界定。比如法治这一概念，人们会很容易地联想到法制，提到法治教育则会联想到法制教育、普法教育等。因此，从法治文化视角研究大学生法治教育的价值取向问题，其逻辑起点便是准确界定和把握诸如法治、法治文化、法治教育等基本概念。

第一节 法治与法制

在我国，法治和法制虽然在中华人民共和国成立初期的报刊上都曾使用过，但在之后很长一段时期内，人们将法治一词误认为是西方资产阶级的专用概念，从而只使用法制概念而不用法治概念。改革开放以来，学界对法制与法治两个概念的使用大致经过了以下三个阶段：第一阶段，从 1978 年党的十一届三中全会使用社会主义法制概念一直到 1997 年党的十五大召开，这一阶段广泛使用的是法制概念，而法治概念很少使用；第二阶段，从 1997 年党的十五大将依法治国作为党领导人民治理国家的基本方略一直到 2014 年党的十八届四中全会召开，这一阶段法制与法治两个概念并用；第三阶段，2014 年党的十八届四中全会审议通过《中共中央关于全面推进依法治国若干重大问题的决定》至今，法治概念被广泛使用，而法制概念使用频率大大下降。

一、关于法制

法制一词在我国是一个不断发展演变的概念。历史上,法制一词早在我国先秦时期就有记载,如《商君书·君臣篇》中"立法制,为度量以禁之",还比如《礼记·月令》中"修法制,缮囹圄,具桎梏,禁止奸,惧罪邪"等。不过这里所讲的"法制"是专指国法或典章制度,也就是法律制度,强调它是由国家(或官府)所制定的,是必须遵守的规范。这种意义的法制与近代来自西方的法制概念是有区别的。西方学者创立和使用的法制概念,更多的是强调所有的"国家机关、社会团体、公职人员和公民个人都必须无条件地严格执行和遵守的法律,不允许任何人做法律不允许的事情"[1]。近代中国在介绍西方的法制时,有人将其直接解释成法律制度(或法律和制度),但对其理解跟西方其实并不一致。因为在西方国家中,法制一词除了指法律制度(或法律和制度)外,有时也指立法、执法和司法等法律活动,有时还指法的秩序、法的体系等。比如,美国学者梅里曼就曾指出,法制不仅包括法(法律规则),它还包括法律文化、法律结构、法律角色、法律过程等许多其他的因素。[2]

中华人民共和国成立后,学界对法制概念有着多种不同的解释,概括起来大致有四种典型的观点:一是将法制作静态理解,解释为法律制度,指的是国家的法律规范体系;二是将法制作动态理解,解释为严格遵守执行法律与制度、依法进行各种活动的一种方式,是一个包括由立法、执法、司法、守法和法律监督等环节共同构成的动态系统;三是将上述静态含义与动态含义合二为一,将法制理解为"一国法律制度的总和,它包括立法、执法、司法、守法、法律监督的合法性原则、制度、程序和过程"[3];四是将法制简化为依法办事的原则,如党的十一届三中全会公报中的"有法可依、有法必依、执法必严、违法必究"的要求。从实际来看,学界对法制概念的解释比较多的是采用上述第三种解释,这显然是一个十分宽泛的概念。而上述第四种解释中的法制有时被等同于法治概念使用,并且被逐渐赋予了越来越多的价值内涵。民主政治基础,维护人权;普遍守法,法律面前人人平等;依法行政,政府严格依法办事等。由

---

[1] 舒国滢、周叶中:《法理学·宪法》,法律出版社 2001 版,第 95 页。
[2] J.H.Merryman, *The Convergence and Divergence of Civil Law and Common Law*, in M.Cappelletti(ed.), New Perspectives for a Common Law of Eueope, Boston: Sijthoff Publishing Co. 1987, pp.222-227.
[3] 舒国滢、周叶中:《法理学·宪法》,法律出版社 2001 版,第 102 页。

此，人们便进一步有了"资本主义法治"与"社会主义法治"之分。所以，在法治概念被普遍认同、接受之后，上述第四种解释中的法制概念实际上已逐渐被法治概念所取代。

二、关于法治

在西方，最早对法治作出解释的是古希腊的亚里士多德，他把法治解释成"法律的统治"，并认为它有两层含义，即"已有的法律得到普遍的遵守，而被遵守的法律又是良好的"①。至近代随着资本主义的兴起，法治逐渐成为日益壮大的资产阶级反对封建专制、等级特权，鼓吹君主立宪、自由、平等、人权、民主共和等政治主张的重要理论武器。19世纪以来，西方学者在解释法治一词的含义时除了传承近代自由、平等、人权、民主等价值取向外，还开始注重对法治对象和目标的揭示，而且揭示视角、揭示方法也日趋多样化、复杂化。影响最大的如戴雪的法治"三要素说"，认为法治由三个要素组成，即："第一，法律具有超越包括政府广泛的自由裁量权在内的任何专制权力的至高无上的绝对权威；第二，任何公民都必须服从在一般法院里实施的国家一般法律；第三，权力不是建立在抽象的宪法文件上，而是建立在法院做出的实际判决上。"②第二次世界大战后，法治一词的内涵被进一步拓展，1959年在印度召开的国际法学家会议对法治的界定是："第一，在法治下的自由社会中，立法机构的作用是创造并维护将能坚持个人尊严的条件。这种尊严要求不仅承认其公民和政治权利，而且建立全面发展其个性所必需的社会、经济、教育和文化条件；第二，法律不仅要对制止行政权的滥用提供法律保障，而且要使政府能有效地维护法律秩序，借以保证人们有充分的社会和经济生活条件；第三，司法独立和律师业的自由是法治的必要条件，法律要保证任何人不会因为依法办事而受到人格、名声、财产和地位的损失。"③可见，西方国家赋予了法治越来越多的内涵，虽然没有统一的定义，但其核心越来越明确：规范和制约国家权力，维护和保障公民的自由和权利。这就告诉我们，法治使现代法制与传统法制相比在价值取向上发生了根本的改变：它预设了法在国家和社会生活中的最高地位，明确了一切国家权力、一切国家机关、一切享有权力的人、一切社会组织

---

① 亚里士多德：《政治学》，吴寿彭译，商务印书馆1965年版，第199页。
② 罗杰·科特威尔：《法律社会学导论》，彭小龙译，华夏出版社1989年版，第184页。
③ 夏勇等：《法治与21世纪》，社会科学文献出版社2004年版，第79页。

和个人,都要守法、服从法;它显示了法介入国家和社会生活的广泛性,即全部的国家生活和社会生活都必须依法办事;它还蕴含了法调整社会生活的正当性,在法治之下,法应当是良法,应当是保障安全、维护社会公正和平、保障权利与自由的法,应当是与民主、人权等价值相联系的。因此,法治与法制不是同等意义的概念,甚至也不是相互对应的概念。法制主要解决有法可依的问题,一个国家只要有法,就有了法制,人治之下也可以有法制。显然,法治不仅仅解决有法可依的问题,一个国家有了法制不一定就有法治,人治之下不可能有法治。

在法的调整范围上,法治显示了法介入国家和社会生活的广泛性,即全部的国家生活和社会生活都必须依法办事。在法的价值属性上,法治蕴含了法调整社会生活的正当性。因此,法治不仅指一种法律制度、一种治国方略,而且包含一种价值追求,包含人们对法的各种价值预设。作为一种治国方略或社会调控方式,它是与人治截然对立的,它强调的是依法办事、法律至上,法律必须具有最高的地位和权威;作为一种法律价值和社会理想,法治则指经由这种治国方式和原则所要实现的一种理想的社会状态。因此,法制更侧重于法律的形式意义方面的内容,强调依法治国的制度、程序和运行机制本身。而"法治"则既强调法律形式意义的内容又强调更深一层的法律实质意义的内容。为此,我们理解法治概念必须把握其两个层次的含义:一是从形式上反映出来的"依法治国""依法办事"的治国方式、制度及其运行机制;二是从实质上所体现的"法律至上""权力制约""权利保障"等的价值和精神。现实生活中,法治必然是上述形式与实质、制度与价值的有机统一。只有形式意义的法治与实质意义的法治相统一,才能体现真正的法治,二者缺一不可。①

综上,法治从国家层面看,是一种与人治相对立的治国方略和社会治理方式,即国家制定良法并依据良法来治理社会。从社会层面看,法治是一种良好的法律秩序。法治社会里,法律至上,人人都依法办事。从个人层面看,法治是一种价值规定的个体生活方式,是为个体的社会化提供价值导向的一种现代社会生活的价值观念和行为方式。

---

① 曹智:《大学生法治教育》,西安电子科技大学出版社 2016 年版,第 10 页。

第二节 法治文化与法律文化

一、关于文化、法律文化

"文化"是个极其复杂的概念。关于文化的定义从来就是众说纷纭的,据说多达260种①。在文化理论研究中,可以被称为"经典"的文化概念主要有以下几个。一是英国当代文化人类学家泰勒(Tylor)的观点,它认为"所谓文化或文明乃是包括知识、信仰、艺术、道德、法律、习惯以及其他人类作为社会成员而获得的种种能力、习性在内的一种复合整体"②。二是美国当代文化人类学家克鲁克洪(Kluckhohn)在分析了多达161种文化定义后的归纳:"所谓'一种文化',它指的是某个人类群体独特的生活方式,他们整套的'生存样式'"③,"文化是历史上所创造的生存式样的系统,既包括显型式样也包含隐型式样;它具有为整个群体共享的倾向,或是在一定时期中为群体的特定部分所共享。"④三是英国文化人类学家马林诺夫斯基(Malinowski)从文化功能出发的解释:"文化是包括一套工具及一套风俗——人体的或心灵的特性,它们都是直接地或间接地满足人类的需要。"⑤西方学者的观点对中国学者产生了一定的影响,在"五四"运动后对文化定义的讨论中,梁漱溟在其出版的《东西文化及其哲学》一书中对文化的定义是"人类生活的样法"⑥,胡适在其《我们对于西洋近代文明的态度》一文中也将文化界定为文明社会形成的生活的方式⑦。从上述"经典"的文化定义中我们不难发现,文化是人类历史地凝结而成的一种稳定的生存方式或生活方式,文化的发展体现的是人的生存方式或生活方式的进步。

同时,在西方,文化还是一个与教育相联系的概念。"文化"一词最早在西方在产生时是作为一个动词使用的,其基本的含义是"以文教化""文治教化",即以人

---

① 名和太郎:《经济与文化》,高增杰、赫玉珍译,中国经济出版社1987年版,第41页。
② 庄锡昌等:《多维视野中的文化理论》,浙江人民出版社1987年版,第98页。
③ 克莱德·克鲁克洪等:《文化与个人》,高佳等译,浙江人民出版社1986年版,第4页。
④ 克莱德·克鲁克洪等:《文化与个人》,高佳等译,浙江人民出版社1986年版,第6页。
⑤ 马林诺夫斯基:《文化论》,费孝通等译,中国民间文艺出版社1987年版,第14页。
⑥ 梁漱溟:《东西文化及其哲学》,商务印书馆1929年版,第53页。
⑦ 北京大学中国语文学系:《我们对于西洋近代文明的态度》,团结出版社2020年版,第212—226页。

伦、道德等秩序规范教化人,使人们摆脱"野蛮",走向"开化"和"文明"的活动。英语中的"culture"一词来源于拉丁语"cultura""culere",意指种植、动植物培养及精神修养等。17世纪后出现的形容词"cultive",已完全摆脱了"种植"之义,其含义定位于受过教育的、有教养的。直到19世纪,一些人仍把文化与教育看作是同义词。

可见,文化一词有着丰富的内涵,它可以是静态意义上的人类活动的"结果""产物",也可以是动态意义上的"文治教化"的教育过程,是使受教育者形成特定的生活方式的过程。

与文化概念的理解一样,对于法治文化内涵,人们也有多种不同的认识。一直以来,我国学界尤其是法学界很少使用法治文化概念,人们熟知的是法律文化概念。而法律文化无论在西方还是中国,都是一个含义极为广泛的概念。比如,西方法律文化研究的代表人物——美国著名法学家劳伦斯·弗里德曼(Lawrence Friedman)在他的《法律制度》一书中认为,"法律文化是指那些为某些公众或公众的某一部分所持有的针对法律和法律制度的观念、价值、期待和态度。"[①]我国多数高校的"法理学"教材及法学界的许多学者也是从这种广义上理解法律文化概念的。如著名学者俞荣根就认为,法律文化是一个民族或国家、地区在特定的政治系统和法律系统中形成的关于法的知识、观念、价值评价以及对法律生活的态度、信念、愿望等的总和[②]。从这种意义上理解的法律文化显然是一个十分庞杂的概念,它从横向上可以按地域、民族来划分古希腊/古罗马的法律文化、古印度的法律文化和中华法律文化等,被当作一个与政治文化、宗教文化相对而言的领域概念;而从纵向上它可以指向过去、现在,也可以指向未来,既可以有古代法律文化,也可以有当代法律文化。虽然法治文化概念出现之初的许多场合,它被作为一个与法律文化混用的概念没有加以严格区分,但随着认识的深入,人们逐渐认识到法治文化是法律文化发展到一定历史阶段的产物,是一个与近代民主政治的兴起与发展直接联系在一起的概念。换句话说,"法治文化是法律文化的现代形式"已成为当下的一种共识。

二、关于法治文化

那么,法治文化的具体含义又是什么呢?依据美国文化人类学家克鲁克洪

[①] 弗里德曼:《法律制度》,李琼英、林欣译,中国政法大学出版社1994年版,第23页。
[②] 俞荣根:《文化与法文化》,法律出版社2003年版,第46页。

将文化分为显型文化和隐型文化的原理,法治文化也可以分为显型法治文化和隐型法治文化两个方面。其中,前者指的是制度形态的法治文化,主要指法律法规、法律制度和法律设施等;后者则指观念形态的法治文化,主要指法律心理、法律意识和法律思想等[1]。这显然是对法治文化作了广义的理解,有其合理性一面,但也有其局限性。的确,文化现象不是一个纯抽象的问题,它总是以一定的载体呈现出来的。任何一种法律文化的产生都与法律这种社会规范联系在一起。作为一种先进的法律文化,法治文化的产生同样离不开法律这套规则体系的存在。从某种意义讲,法律制度是法治文化不可或缺的"硬件"性载体。同时,法律文化的发展与进步虽然也表现为法律制度的完善与进步,但主要还是表现为蕴含在法律制度背后的法律理念(观念)、法律意识和法律思想的进步。因此,作为法治文化的核心层次,观念形态的法治文化体现了法治文化内涵的精髓。如果说法律制度是法治文化的"硬件"性载体的话,那么观念形态的法治文化则是法治文化的"软件"性载体。离开了这种"软件"性载体,"法治"便成为形式主义的空壳,法治文化也将异化为"人治"的遮羞布。因此,狭义的法治文化通常是指包括法治的理念、意识和思想等在内的观念形态的法治文化。

将法治文化分为显型法治文化和隐型法治文化,虽然对法治文化的具体内涵有了进一步的界定,但说到底它只是从静态意义上理解法治文化的含义,而忽视了法治文化还有其动态意义。因为,法治文化根植于拥有法治人格的人自身,"徒法不足以自行",离开了拥有法治人格的人,法治文化便失去其价值和意义。"法治作为对所有人的一种要求和原则而确定在宪法和其他法律中,法治作为权力主体的活动方法而得到实施,并因此成为社会生活制度……"[2]法治文化是"生活中不可或缺的组成部分,成为人们的生活方式"[3]。这种生活方式下,法律已经渗透到社会生活的方方面面,已经成为令人上瘾的毒品[4]。

所以,法治文化是一种进步文化形态,一种以法治的观念意识和价值取向为核心的进步文化形态,但更应该被看作一种全体社会成员通过法治实践和教育而形成的普遍循法而治的生活方式。

---

[1] 刘斌:《当代法治文化的理论构想》,《中国政法大学学报》2007 年第 1 期,第 15—18 页。
[2] B.B.拉扎列夫:《法与国家的一般理论》,王哲等译,法律出版社 1999 年版,第 33 页。
[3] 孙笑侠、胡瓷红:《法治发展的差异与中国式进路》,《浙江社会科学》2003 年第 4 期,第 10 页。
[4] 唐·布莱克:《社会学视野中的司法》,郭星华等译,法律出版社 2002 年版,第 85 页。

第三节 法治教育与法制教育

一、关于法制教育

论及法治教育,有时往往会将之与属于法律专业教育的"法律教育""法学教育"混同,甚至也有人将法治教育看作是"简编版"或"精编版"的法律教育。事实上,人们通常所讲的法治教育与法律教育并不是同等意义使用的概念。在我国法律学界,法律教育是与"法学教育"交叉使用的概念,指的是国家(主要是通过学校)专门针对法律专业人员或法律专业学生所进行的那种系统传授法学理论知识、培养法律专业实践技能、造就法律职业人才的一种专门教育活动。当然,也有学者进一步将培养应用类法律人才定位为法律教育,而将培养应用类和学术类法律人才的活动统称为法学教育。[①] 但形成共识的是,法律教育或法学教育说到底都属于法律专业教育,其教育对象是专门从事或者将来从事法律专业工作的人员;其教育内容是传授系统化的法学理论知识、训练法律思维、培养法律职业技能,为的是造就合格的从事法律职业的法律专业人才。

与"法治"与"法制"概念的使用相对应,人们对"法制教育"与"法治教育"两个概念的使用也经过了从广泛使用"法制教育"到"法制教育"与"法治教育"并用,再到广泛使用"法治教育"的几个阶段。

"法制教育"就一般意义而言,是泛指能增强人们的法律知识、培养人们的法律意识和守法行为的活动。然而,对于"法制教育"这一概念的确切内涵如法制教育的对象、法制教育的目的等,学界的认识并不统一。比如从法制教育的对象看,有学者将法制教育界定为面向全体公民的"公民法制教育"[②],但更多的是将法制教育界定为一种有目的、有计划、有组织地对"非法律专业人员"进行的以培养其法律素质为目标,以基本法律概念、法律原则和法律理念为内容的教育,这显然是将法制教育的对象具体界定为"非法律专业人员"。还有的将法制教育界定为专门针对青少年的法制教育活动。而从法制教育的目的看,由于我国的法

[①] 霍宪丹:《中国法学教育反思》,中国人民大学出版社2007年版,第4页。
[②] 徐继超:《公民道德教育与公民法制教育》,中国社会科学出版社2003年版,第99页。

制教育最初是以普法教育的形式出现的,因此在很多时候法制教育被简单地理解为增强法律知识、普及法律常识的教育活动,在某些场合,它成了"普法教育"的同义语①,有时还与"法制宣传教育"等同使用。比如洪浩认为,在法律教育即造就从事法律职业人才的教育活动之外,"其他的传授法律知识、增加人们法治观念的活动"都宜称之为"法制教育"②。但随着我国普法工作的不断深入和普法重点的演进,人们进一步认识到,法制教育的目的不仅仅是"普及法律常识"那么简单。与建设社会主义法治国家相适应的"法制教育",更应该强调的是人们法律意识的提升、守法行为习惯的养成,更应该强调的是受教育者适应现代法治社会所必需的法治素养的提高。由此,不少学者开始弃用"法制教育"概念而改用"法治教育"概念。

二、关于法治教育

(一)法治教育的内涵

党的十八届四中全会通过的《中共中央关于全面推进依法治国若干重大问题的决定》提出要"深入开展法治宣传教育""把法治教育纳入国民教育体系",这是党和国家的正式文件中首次用"法治教育"概念替代"法制教育"概念。事实上,在党的十八届四中全会之前,已有一些学者开始对"法制教育"和"法治教育"作区分。比如王双群把"法治教育"界定为"通过有目的、有计划、有组织地进行社会主义法制的宣传教育来影响人们行为的一种活动",而将"法治教育"界定为"通过对公民进行的有目的、有计划、有组织地'依法治国'方略的宣传和教育,培养和发展公民法治意识及其用法治意识指导自己行为的一种活动"③。洪浩提出"法治教育"是以法治理念、法治精神的教育为核心,尽管也会包括法律知识、法律原则和法律制度等内容的教育,但它更强调的是现代法律所蕴含的理念、价值和精神的教育。他认为,"法制教育"侧重于传播法律基础知识,增强法律意识也侧重于守法意识,是以"以义务本位"为基本特征的。所以,"法制教育"只是"法治教育"的一部分。④

显然,"法治教育"概念有着十分丰富的内涵。法治教育是一个复杂而又开

---

① 冀祥德等:《中国法学教育现状与发展趋势》,中国社会科学出版社 2008 年版,第 51 页。
② 洪浩:《法治理想与精英教育——中外法学教育制度比较研究》,北京大学出版社 2005 年版,第 9 页。
③ 王双群、余仰涛:《法治教育和德治教育的关系研究》,《理论月刊》2005 年第 3 期,第 141 页。
④ 洪浩:《法治理想与精英教育——中外法学教育制度比较研究》,北京大学出版社 2005 年版,第 9 页。

放的社会系统,虽然在法治建设的不同阶段其各有重点,虽然针对不同的社会群体,法治教育的内容、方式等都有很大的差异,但就教育对象看,法治教育不仅仅是针对某一部分社会成员(如青少年)而进行的,其对象是所有社会成员,因而属于公民教育的范畴。事实上,我国改革开放以来持续进行的五年普法规划①,都明确"法制宣传教育"的对象是"职工、农(牧、渔)民、知识分子、干部、学生、军人、其他劳动者和城镇居民中一切有接受教育能力的公民"。2022年,中共中央、国务院转发的《中央宣传部、司法部关于开展法治宣传教育的第八个五年规划(2021—2025年)》更明确指出:"实行公民终身法治教育制度,把法治教育纳入干部教育体系、国民教育体系、社会教育体系。"因此,普法教育即法治宣传教育虽然在不同时期教育的重点对象有所不同,但整体上都是以全体公民为对象的,属于公民教育的范畴。

从教育形式上看,法治教育不仅仅是由各级各类学校进行的法治教育,除了学校法治教育外,还包括家庭和社会法治教育等形式。学校法治教育从小学、中学一直到大学构成一个系列,循序渐进,是青少年法治教育的主渠道。家庭法治教育是法治教育的重要组成部分。家庭是社会的细胞,正如习近平总书记指出的那样:"家庭是人生的第一所学校,家长是孩子的第一任老师,要给孩子讲好'人生第一课',帮助扣好人生第一粒扣子。"②法治教育是家庭教育不可或缺的重要内容,关乎青少年的健康成长,也关乎国家和民族的未来。就教育目的和任务看,法治教育的目的不仅仅是增加人们的法律知识、提高人们的法律技能,它更强调增强人们的法律意识、培养人们的法律行为习惯,最终提高人们的法治素养。因此,其任务不是单纯地学习法律条文和知识,而是对公民包括社会主义法治理念、法治意识、用法能力、法治信仰等在内的整体法治素养的培育和提升。

所以,本书对法治教育界定为:由国家、社会和家庭进行的,针对全体公民进行的,以增加公民法治知识、技能为基础,以培养公民法治意识、增强公民法治观念、形成公民法治信仰为目的,养成公民守法行为习惯,最终达到提升公民法治素养为目标的实践活动。

---

① 指自1985年11月,中共中央、国务院转发了《中央宣传部司法部关于向全体公民基本普及法律常识的五年规划》开始的七个五年普法规划及现阶段正在实施的第八个五年普法规划。——笔者注
② 习近平:《坚持中国特色社会主义教育发展道路 培养德智体美劳全面发展的社会主义建设者和接班人》,人民日报,2018年9月11日,第1版。

(二) 法治教育与道德教育

道德教育是同法治教育相联系的概念。要搞清楚法治教育与道德教育的关系,首先要搞清楚法律与道德的关系。

法律与道德是两种基本的社会规范,它们一方面都属于上层建筑范畴,都由社会物质生活条件决定,都为特定的经济基础服务;但另一方面,它们又是两种不同的社会规范,存在着重要区别,两者产生的条件不同,表现形式不同,调整范围不同,作用机制和内容要求不同。比如,从产生条件看,道德与人类社会形成同步,而法律则与私有制、国家相联系,道德产生远远早于法律。从表现形式看,道德主要存在于人们的信念和社会舆论当中,通常比较抽象,不规定具体的行为模式及其后果。而法律主要是以宪法、法律等确定性和规范性的形式表现出来的,通常比较具体明确,规定有具体的行为模式及其法律后果。从调整范围看,道德所调整的社会关系几乎涵盖社会生活的各个方面,不仅调整人的外在行为,还调整人的内心世界。而法律仅仅调整人的外在行为而不调整人的思想。所以道德的调整范围大于法律。另外,从作用机制看,道德主要依靠社会舆论、传统习俗和内心信念来维系,而法律则依靠国家强制力来保障实施。因此,道德和法律两种社会规范既联系紧密,又有着不同的作用机制和适用范围,两者在功能和作用上存在互补性,两者相辅相成,不可偏废。法律的有效实施有赖于道德的支持,而道德的践行也离不开法律的约束。道德总是想方设法地向法律渗透,希冀法律的帮助;法律则有意无意接纳道德的要求,寻求道德的支持。

所谓道德教育,是指"一定社会或阶级为使人们接受和遵循其道德规范体系的要求,并按其价值标准处世做人,而有计划有组织地对受教育者施以道德影响的活动,包括提高道德认识,陶冶道德情操,确立道德信念,养成道德行为习惯等,是一定社会和阶级的道德意识转化为个人的道德品质的重要环节"[①]。在多数国家,学校德育即指道德教育。在我国,很多时候学校德育则泛指政治教育、思想教育、道德教育等社会意识教育。道德教育的内容从其全过程看包括使受教育者提高道德觉悟和认识—陶冶道德情感—锻炼道德意志—树立道德信念—培养道德品质—养成道德习惯等主要环节。在我国,由于法治教育和道德教育

---

① 骆郁廷、张莉:《思想教育、政治教育、道德教育的性质与特点辨析》,《武汉大学学报(社会科学版)》2002 年第 4 期,第 440 页。

都具有思想政治教育的属性，为此学术界仍有学者将道德教育等同于"德育"，认为法治教育是道德教育的一部分。还有部分学者则相反，认为在现代民主法治社会中，应当对法治教育作广义的理解，认为应当将道德教育和法律教育包括其中。① 但是，多数学者认为不能否认法治教育的相对独立性，为此，他们将法治教育与道德教育并列看待，并认为两者之间是相互依存、不可分割的辩证统一的关系。道德教育是从内心世界进行教育，以道德为教育的核心，法治教育离不开道德教育，道德教育是法治教育的基础。而法治教育则是从人的外在行为进行规范，以法律为教育的核心。提升一个人的整体素质教养，应该从内在和外在两方面同时进行教育，从思想和行为两个方面同时进行塑造。

（三）法治教育与公民教育

顾名思义，公民教育就是对公民的教育，也就是把社会成员培养成为合格公民的教育。近现代意义上的"公民""公民教育"概念来自西方，限于时代不同及文化背景差异等因素影响，"公民教育"在东西方都有着多种不同的内涵。在西方，有将公民教育视为"道德教育"的，也有将公民教育当作是"政治社会化"的，还有将公民教育看成是"成人教育"的，不一而足。也有西方学者将公民教育区分为广义和狭义两个角度认识的，认为狭义的公民教育只强调其政治上的含义，即民主社会中的"好公民"的权利和义务教育；而广义上的公民教育则不仅关联政治生活，还关联道德、伦理、法律、社会和经济等各方面。并且认为，在趋势上，公民教育的定义倾向于广义的尺度。② 我国学者大多也接受这种广义上使用的公民教育概念，认为公民教育就是指："国家对全体公民进行的，以实现公民认同、培养合格公民为目的，以公民作为独立人格主体相关的政治、经济、法治、道德、文化、价值等为主要内容开展的系列实践活动。"③

公民教育的内容是随着时代发展而变化的。18世纪到19世纪70年代以前，公民教育更多的是宣扬个人自由、平等、权利等观念，而19世纪70年代以后，随着资本主义由自由资本主义向垄断资本主义的过渡，公民教育开始更多地强调公民对国家的责任和义务，强调促进国民的"政治社会化"。而自进入

---

① 曹融：《文化视野中的法治教育定位——论道德教育与法治教育的关系》，《法制与社会》2016年第16期，第222页。
② 徐继超：《公民道德教育与公民法制教育》，中国社会出版社2003年版，第81页。
③ 窦武：《公民认同视角下的中国公民教育内容构建研究》，博士学位论文，广西师范大学，2014，第30页。

20世纪,尤其是第一次世界大战后,公民教育向更广泛的社会公共领域扩展,公民教育已经不仅是有关国家、政府及其运作,个人权利和义务等的教育,而且还涉及经济、社会、环境、国际关系等多个方面,以帮助公民更好地认识社会,培养行为能力。由此,公民教育是为了促使"个人社会化"。就现代公民教育而言,其内容虽然复杂且一直在变化,但核心内容无非涉及三个方面:一是公民政治教育。公民政治教育,就是"民主的政治教育",也就是培养公民的民主、平等的政治理念和民主政治精神。二是公民道德教育。公民道德教育就是强调培养公民自主、竞争、效率、诚信等意识,完善公民的人格,也就是"公民为塑造独立人格而学习和内化一定社会道德规范知识,形成道德情感与道德能力,正确行使道德权利与承担义务的过程"[1],"公民教育在学校教育中的实施开始于道德教育"[2]。三是公民法治教育,就是培养公民对国家制度、法律制度的认同,树立法治观念,提升法治意识,形成对法治的信仰。公民的法治意识、法治信仰是法治社会存在和发展的基础,作为公民教育重要内容的法治教育无论在培养公民对国家制度、法律制度的认同上,还是在培养公民的法治意识、树立公民法治观念和培育公民的法治信仰上都发挥着不可替代的作用。法治教育提供了主体意识、平等意识、竞争意识、契约观念、民主思想、权利与义务观念等公民教育的核心内容。

可见,法治教育是现代社会公民教育的基本内容之一。

第四节 大学生法治教育

高校对在校大学生进行的法治教育在实际生活中被表述为不同的概念,其内涵也有着不同的概括。如不少学者所使用的"高校法治教育"概念,事实上所指的就是大学生法治教育。此外,大学生法治教育所指的"大学生"是否包括政法类院校及其他高校法律专业的学生?是否包括高校对这些法律专业学生进行的"法学教育"等专门法律教育?一直以来,学界对这些问题都存在着不同的认识。因此,有必要对大学生法治教育的内涵作进一步的界定。

---

[1] 金家新:《政治社会化取向的大学生公民道德教育研究》,博士学位论文,西南大学,2013,第27页。
[2] 檀传宝等:《公民教育引论:国际经验、历史变迁与中国公民教育的选择》,人民出版社2011年版,第172页。

一、大学生法治教育的对象

大学生法治教育的对象应该是包括高校法律专业大学生在内的全体在校大学生。在我国高校思想政治教育界,关于大学生法治教育的对象是否包括法律专业大学生这一问题,主流观点是将高校法律专业的大学生排除在大学生法治教育的对象之外,认为大学生法治教育是针对高校非法律专业学生进行的,不包括法律专业学生。一直以来,作为大学生法治教育主渠道进行的"法律基础"课课堂教育就是专门针对高校"非法律专业"的大学生开设的。而且诸多有关"大学生法治教育"或"高校法治教育"的理论研究也都明确自己是针对高校"非法律专业"学生的,还有的研究甚至还提出要建立专门针对高校"非法律专业"学生法治教育的"独立体系"。但是,随着思想政治理论课改革"05方案"的实施和推进,"思想道德修养与法律基础"课被作为所有大学生必修的一门思想政治理论课,其对象是高校所有在校大学生(包括法律院校学生和其他高校法律专业学生)。由此,便出现了大学生法治教育的理论与大学生法治教育的实践相脱节的现象。

事实上,在我国有关大学生的法治教育从其开始就没有将法律专业的大学生排除在外。无论是过去思想政治理论课"85方案""98方案"中开设的"法律基础"课,还是当下"05方案"中设置的"思想道德修养与法律基础"课,有关法治教育的内容从来没有把法律专业的大学生排除在外。只是要求有关高等学校政治理论类和财经类、政法类等专业在开设思想政治理论课相关课程时,"在覆盖思想政治理论课教学基本要求的前提下,……与专业基础课统筹考虑"①。因此,就课堂教育看,无论是课程体系设置,还是课程实施操作,都不能简单地将大学生法治教育武断地定性为是针对"非法律专业"学生的。况且,大学生法治教育不仅仅只是课堂上进行的法治教育,还应当贯穿于大学生日常学习、生活的方方面面,涉及大学生从入学一直到毕业走向社会之前的全过程。

二、大学生法治教育与高校法治教育

大学生法治教育是由高等院校对在校大学生进行的法治教育。大学生法治

---

① 教育部思想政治工作司:《加强和改进大学生思想政治教育重要文献选编(1978—2008)》,中国人民大学出版社2008年版,第418页。

教育属于学校法治教育序列,在高校法治教育的范畴内,但它不能等同于高校法治教育。目前,纵观有关大学生法治教育的研究成果和文章,虽然研究的对象都是大学生法治教育,却是以两个不同概念出现的,即"大学生法治教育"和"高校法治教育"。换句话说,大多数关于"高校法治教育"的文章事实上就是大学生法治教育的研究。由此,出现了这两个提法混用的情况。对此,本书认为大学生法治教育虽然在广义上包括了由大学生家庭以及社会所进行的一般意义的法治教育,但其核心部分则是由高校对在校大学生集中进行的法治教育。不过,这并不意味着大学生法治教育就等同于"高校法治教育"。因为,"高校法治教育"不仅包括高校对在校大学生进行的法治教育,也包括高校对学校管理者和教师的法治教育,甚至还包括高校对其后勤职工的法治教育。这就是说,高校法治教育是针对高校全体师生员工而不只是针对在校大学生的。事实上,虽然大学生法治教育是高校法治教育的核心部分,它与高校法治教育的其他部分存在着密切的联系,但它们各自有着不同的目的、要求、内容、方法,它们是不同的。

因此,本书在研究大学生法治教育时,将其明确界定为高校对在校大学生进行的法治教育,并将大学生法治教育置于高校法治教育的整体中,置于与高校法治教育的其他部分的联系中加以认识。

三、大学生法治教育与普法教育

"普法",即普及法律常识的简称。"文化大革命"结束后,吸取以往忽视和破坏法制的深刻教训,1978年,党的十一届三中全会明确提出:"发展社会主义民主,健全社会主义法制,要做到'有法可依,有法必依,执法必严,违法必究'",并将这十六字确立为社会主义法制建设的方针,开启了社会主义法制建设的崭新征程。1984年,时任全国人大常委会委员长的彭真同志提出"把法律交给人民"。1985年11月,中共中央、国务院转发的《中央宣传部、司法部关于向全体公民基本普及法律常识的五年规划》(以下简称"一五"普法规划)要求从1986年起,争取用五年左右时间,有计划、有步骤地在一切有接受教育能力的公民中,普遍进行一次普及法律常识的教育。1990年12月,中共中央、国务院批转了《中央宣传部、司法部关于在公民中开展法制宣传教育的第二个五年规划》(以下简称"二五"普法规划),正式使用"法制宣传教育"提法。此后,一直到2020年,连续进行了七个五年的普法。

在学术界,普法教育也称为"普法运动"。狭义的普法教育就是专指上述始于"一五"普法规划一直延续至今的、由政府主导的、面向全体公民开展的普及法律常识的法制(治)宣传教育活动。而广义的普法教育,不仅指自上而下进行的按照五年普法规划进行的法制宣传教育活动,而是指一切增长公民法律知识、提高公民法律意识、转变公民法律行为的活动。经过七个五年大规模的普法活动"法律动员",我国的普法教育体制机制不断完善,普法的内容更加体现社会和公民的需要,普法的方式也日益丰富多样,已经形成一整套全覆盖的普法体系。与此同时,随着我国法治进程的推进,普法的日益深入,公民的法治意识不断提高,公民的各种"讨说法"和维权行为变得越来越频繁,事实上以另外一种方式,即所谓日常"浸润"方式的法治实践进行着普法。

大学生法治教育与普法教育既有联系又有区别。

第一,从教育对象看,大学生法治教育的对象是大学生这个特定群体,而普法教育的对象是所有有接受教育能力的公民,当然也包括大学生这个特定群体在内。事实上,我国普法教育的实践中,学生包括大学生一直是普法教育的重点对象。

第二,从教育目标和内容看,大学生法治教育的目标是提升大学生由法律知识、法律技能、法律意识乃至法律行为习惯综合构成的法治素养。通过大学生法治教育,使大学生得到有关法和法治方面的规范性和价值性认知,实现大学生对法治文化、法治精神的理解,并让大学生依照法律规范和法治精神指导自己的行为。所以,大学生法治教育主要不是法律专业知识教育,侧重点也不只是普及法律基础知识。狭义的普法教育,就是"法制宣传教育",主要是关于法律规范性知识和法律技能性知识的教育,是法治教育的一部分。而广义的普法教育不仅包括"法制宣传教育"和法治教育,还包括社会生活中公民自发进行的自我教育。

法律基础知识是大学生知识结构中的组成部分,也是构成大学生法治素养的重要基础。在改革开放加强法治建设的初期,强调全社会包括大学生的普法教育有其合理性。但是,在经过了改革开放四十多年法治建设大发展的今天,在学校法治教育系列中大学生法治教育与中小学生法治教育已明确分工的情况下,如果大学生法治教育仍然等同于"普法教育",显然是脱离法治教育发展的现实要求的,甚至某种程度上可以说是高校教育的一种"失职"行为。因为,学习法律知识只是一种手段,而培养法治意识和提升法治素养才是大学生法治教育的真正目的。

第三,从教育路径和方式看,作为我国改革开放和社会主义民主法治建设的重要产物的普法教育,是在特定的社会历史背景下大规模开展起来的群众性普及法律常识的活动。经过连续七个五年普法规划的实施,普法教育不仅拥有稳定的人员、经费和制度保障,其组织工作由中宣部、司法部的普法办和地方层面的司法局法宣处承担,自上而下,从中央到街道层层动员和推进,机关、学校、企业、社区等面面俱到。普法的形式丰富多样,书籍漫画、板报展览、标语口号、知识测验、文艺演出、现身说法、网络视频等不计其数。而对大学生法治教育而言,它属于学校教育范畴,主要依靠高校作为教育机构,教育路径和方式也主要是课堂教育及课外实践。

可见,大学生法治教育为广义的普法教育所涵盖,与狭义的普法教育相比,无论是教育目标、教育内容,还是教育方式、教育对象都各有侧重。

综上所述,本书对大学生法治教育做如下界定:大学生法治教育是高校法治教育的核心部分,是高校专门针对全体在校大学生进行的以形成法治信仰为核心、以提高大学生法治意识和法治素养为主要目的、养成大学生守法用法行为习惯的教育实践活动。

第二章
理论基础：法治文化与法治教育的关系

国学大师钱穆说过："一切问题，由文化问题产生；一切问题，由文化问题解决。"[①]文化是法治之源，法治问题说到底也是个文化问题，有什么样的文化，就会有什么样的法治状态。从法治文化视角研究大学生法治教育的价值取向不仅是必要的，也是可能的，这种可能主要体现在法治教育与法治文化建设客观存在的共生互适关系上。法治文化是法治社会必不可少的文化基础，法治国家的构建从某种意义上讲就是法治文化的塑造和建设的过程，而法治文化的塑造和建设过程事实上也就是对社会成员进行法治教育——使他们认同法治，形成法治的生活方式的过程。可以说，法治文化的形成与现代法治教育之间存在着共生关系，具有历史契合性，这是其一。作为现代法治教育重要组成部分的大学生法治教育本身就是法治文化建设的重要途径和手段，是法治文化建设的基础性工作，它与传统的法治教育相比最突出的特点就是有法治文化的价值指引。可以说，大学生法治教育与法治文化相互影响、相互制约，存在着现实的功能互补、相互促进的关系，具有互适性，这是其二。法治文化追求"法的至上性"的形式价值与"人的至尊性"的实质价值的统一，大学生法治教育则追求"个人价值"与"社会价值"的统一，两者在根本价值诉求上是一致的。这是大学生法治教育与法治文化建设能够实现良性互动的根源所在，这是其三。因此，大学生法治教育不能脱离体现当今时代特点的法律文化——法治文化环境而存在，更不能离开法治文化的价值指引而发展。大学生法治教育价值取向的研究只有置于法治文化视域才能从根本上把握其本质和功能，才能寻找到合理的发展方向。

[①] 钱穆：《文化学大义》，台湾中正书局1981年版，第3页。

第一节　马克思主义的相关理论

一、马克思主义经典作家的相关理论

(一) 关于社会存在与社会意识辩证关系的原理

马克思在其《关于费尔巴哈的提纲》中有一句名言,"哲学家们只是用不同的方式解释世界,问题在于改变世界",以此表明马克思主义哲学与旧哲学的区别:旧哲学的哲学家们都脱离社会实践以不同的方式抽象地解释世界,这样的空谈对人的现实世界毫无益处,只有在实践中,人们才能真正认识属于自己的现实生活世界。但认识本身并不是目的,认识的目的在于实践,在于服务于人们改造世界的实践。马克思主义唯物史观的创立,使人们开始从自己的生活实践出发探索思想意识问题,进而科学回答了社会存在和社会意识的关系。

根据马克思主义的观点,所谓社会存在就是社会物质生活条件的总和,是社会生活的物质方面。社会存在主要指物质生活资料的生产方式,同时也包括地理环境和人口因素等。所谓社会意识就是社会存在在观念上的反映,是社会生活的精神方面。社会意识包括法律、道德、艺术、宗教、哲学等社会意识形态和风俗习惯、社会心理等。马克思主义唯物史观在辩证统一中看待社会存在与社会意识之间的关系。

一方面,社会存在决定社会意识,社会意识随社会存在的发展而变化。根据唯物史观,社会存在是第一性的,社会意识是第二性的,是社会存在决定社会意识而不是相反。正如马克思指出的:"物质生活的生产方式制约着整个社会生活、政治生活和精神生活的过程。"[①]在历史上出现的一切社会关系和国家关系,一切宗教制度和法律制度,一切理论观点,只有理解了每一个与之相应的时代的物质生活条件,并且从这些物质条件中被引申出来的时候,才能理解。"不是人们的意识决定人们的存在,相反,是人们的社会存在决定人们的意识。"[②]"一切社会变迁和政治变革的终极原因,不应当到人们的头脑中,到人们对永恒的真理

[①]《马克思恩格斯文集》(第2卷),人民出版社2009年版,第597页。
[②]《马克思恩格斯文集》(第2卷),人民出版社2009年版,第597页。

和正义的日益增进的认识中去寻找,而应当到生产方式和交换方式的变更中去寻找;不应当到有关时代的哲学中去寻找,而应当到有关时代的经济中去寻找。"①由社会存在决定的社会意识总是历史的、具体的,不同的社会存在决定了不同的社会意识。也就是说,社会意识会随着人们的社会存在或实际生活过程的发展而发展的。马克思认为:"人们在自己生活的社会生产中发生一定的、必然的、不以他们的意志为转移的关系,即同他们的物质生产力的一定发展阶段相适合的生产关系。这些生产关系的总和构成社会的经济结构,即有法律的和政治的上层建筑竖立其上并有一定的社会意识形式与之相适应的现实基础。物质生活的生产方式制约着整个社会生活、政治生活和精神生活的过程。不是人们的意识决定人们的存在,相反,是人们的社会存在决定人们的意识。社会的物质生产力发展到一定阶段,便同它们一直在其中运动的现存生产关系或财产关系(这只是生产关系的法律用语)发生矛盾。于是这些关系便由生产力的发展形式变成生产力的桎梏。那时社会革命的时代就到来了。随着经济基础的变更,全部庞大的上层建筑也或慢或快地发生变革。"②因此,在人类社会的发展历程中,社会意识是一种动态发展的历程,其根源就在于社会意识是人们对自身现实生活的一种动态性结果表达。

另一方面,社会意识具有相对独立性,它还能够能动地反作用于社会存在。固然,作为观念形态上的意识形态离不开物质生活条件的制约,但是,社会意识一经产生,就具有相对独立性,遵循其本身所固有的特殊规律发展。这种相对独立性不仅体现在社会意识与社会存在在发展变化上的不平衡性和不完全同步性,还体现在社会意识形态具有的历史继承性。社会意识与社会存在在发展上不一定是完全同步变化的,在某一历史阶段和某些地方,社会意识形态往往会超前或者滞后于社会存在。正因为此,恩格斯才会说:"经济上落后的国家在哲学上仍然能够演奏第一提琴。"③同时,社会意识形态就其来源看,不仅来自当下的社会存在,还来自对以往社会存在反映的意识形态的批判继承。此外,社会意识的相对独立性最突出的表现还在于其对社会存在的能动的反作用上。也就是说,尽管政治、法律、哲学、宗教等社会意识形态都以经济为基础,但在满足社会物质生活发展需要的过程中,社会意识形态会转化为物质力量反作用于经济基

---

① 《马克思恩格斯选集》(第3卷),人民出版社1995年版,第617—618页。
② 《马克思恩格斯选集》(第2卷),人民出版社2012版,第2—3页。
③ 《马克思恩格斯文集》(第10卷),人民出版社2009年版,第598页。

础。先进的社会意识对社会存在的发展起促进作用，而落后的社会意识会阻碍社会向前发展。

所以，社会存在与社会意识是辩证统一的关系。这一唯物辩证法的基本原理对我们当下大学生法治教育的实践和理论研究有重要的理论指导作用。法治文化也好，法治教育也罢，它们作为在当代中国特定文化背景下形成的社会意识，既由当代中国的社会物质生活条件所决定，又反作用于社会存在。

(二) 关于人的自由全面发展的思想

人的自由全面发展是马克思主义人学理论核心内容。马克思和恩格斯在他们合著的《神圣家族》中，将"现实的人"作为其研究的主体。之后，马克思在《哲学的贫困》中，进一步强调"现实的个人"既是历史的"剧中人"，又是"剧作者"。在《共产党宣言》中，马克思和恩格斯更提出了共产主义是"以每个人的全面而自由的发展为基本原则的社会形式"，"在那里，每个人的自由发展是一切人的自由发展的条件。"[①]在《1857—1858年经济学手稿》中，马克思提出人类社会发展要经历的三个形态，即前资本主义社会、资本主义社会和共产主义社会。在此基础上，进一步将人的发展划分为人与人的依赖关系、以物的依赖性为基础的人的独立性、人的自由个性全面发展三种形态。在《资本论》中，马克思将人类社会划分为：直接的社会关系、物化的社会关系、自由人的联合体三个阶段。[②] 马克思主义关于人的自由全面发展的思想有着极其丰富而深刻的内容。

第一，人的本质是一切社会关系的总和。要真正认识人的本质，必须深入到社会关系之中。马克思指出："人的本质不是单个人所固有的抽象物，在其现实性上，它是一切社会关系的总和"。[③] 也就是说，决定人的本质的是社会关系。社会关系包括经济关系、政治关系、思想关系以及血缘关系、地缘关系、业缘关系等，它们不是简单堆砌，而是相互联系、相互制约，以"总和"的形式存在着并发挥作用。同时，在社会发展过程中，随着社会关系的变化发展，人的本质也会发生变化。科学把握马克思主义关于人的本质的规定，可以帮助我们把人与动物从根本上区别开来，认清人既是社会的人，不能脱离社会和社会关系而存在，同时人又是现实的人，生活于一定社会关系中的人，抽象的人和人的本质根本不

---

① 《马克思恩格斯文集》(第2卷)，人民出版社2009年版，第53页。
② 《马克思恩格斯文集》(第5卷)，人民出版社，2009年版，第95—96页。
③ 《马克思恩格斯选集》(第1卷)，人民出版社，2012年版，第139页。

存在。

第二，人的全面发展充分阐释了人的发展的全面性。人的全面发展从具体看，首先就是人的需要的全面发展。人的需要及其满足是实现人健康发展的必要条件。根据马克思主义的观点，人的需要具有多样性和多层次性，可以分为生存需要、享受需要和发展需要等多个层次，也可以分为物质需要和精神需要等多个方面。不仅如此，人的需要还具有发展性，在不同发展阶段、不同时代，人的需要也不一样。正是丰富多彩的人的需要推动着人类社会不断向前发展。其次是人的能力和素质的全面发展。人的能力包括体力和智力、物质生产能力和精神生产能力以及社会交往、道德修养、审美能力等。人的能力是人的综合素质的集中体现。在社会实践中，人只有不断提高素质，能力充分发挥，才能创造更多的物质和精神财富，满足各种物质和精神的需要。再次是人的社会关系的全面发展。人的本质是一切社会关系的总和，所以人是现实生活中的人，是处于丰富多样的社会关系中的人。人的全面发展意味着个人在摆脱对物和他人的依附，成为自为、自主活动的人，意味着人的社会交往愈加复杂、丰富、广泛和多元。最后是人的个性的全面发展。根据《心理学大辞典》，"个性，也可称为人格，指一个人的整体精神面貌，即具有一定倾向性的心理特征的总和"。也就是说，人的个性是人的性格、气质、兴趣、习惯、爱好、特长、情感等个人倾向性的心理特征。

第三，人的发展不仅是全面的还应当是自由的。人的全面和自由发展，不仅意味着人从自然和社会的束缚中解放出来，也意味着人可以自觉自愿地发展才能、施展才华，成为真正自由的人。根据马克思和恩格斯的观点，"每个人的自由发展是一切人的自由发展的条件"，只有每个人的自由发展，才能有一切人的自由发展。因为人首先是个体存在物，"每个人的自由全面发展"必须落实到个体才有意义；但另一方面，个人又是社会中的个人，也只有在社会中个人才能确认自己的存在。正如马克思所说："一个人的发展取决于和他直接或间接进行交往的其他一切人的发展；彼此发生关系的个人的世世代代是相互联系的，后代的肉体的存在是由他们的前代决定的，后代继承着前代积累起来的生产力和交往形式，这就决定了他们这一代的相互关系。总之，我们可以看到，发展不断地进行着，单个人的历史决不能脱离他以前的或同时代的个人的历史，而是由这种历史决定的。"① 所以，对个人的自由全面发展而言，社会不是桎梏而是条件。个人与社会

---

① 《马克思恩格斯全集》(第3卷)，人民出版社1960年版，第515页。

是相对的,而不是对立的。

综上,马克思主义关于人的自由全面发展的思想对我们今天中国特色社会主义建设事业具有重要指导意义。大学生法治教育是高校思想政治教育的重要组成部分,"立德树人"是高等教育的根本任务所在,更是包括大学生法治教育之内的高校思想政治教育的刚性价值依归。由此出发,要求大学生法治教育必须注重学生的全面发展,着眼于塑造大学生健全的人格和促进大学生全面成长。

(三) 关于法治建设的思想

限于历史和时代的局限,马克思主义经典作家们对法治建设没有作专门和系统的论述,他们关于法治建设的思想散见于有关著作中,其中一些观点对于当下我国的社会主义法治建设具有重要指导作用。

马克思和恩格斯的法治思想主要集中于对法的起源与本质的揭示,对法的价值如法律与自由、法律与平等、法律与公平正义等方面的论述以及对社会主义法治的设想。这些设想是社会主义法治的理论渊源。马克思认为:"法的关系正像国家形式一样,既不能从它们本身来理解,也不能从所谓人类精神的一般发展来理解,相反,它们根源于物质的生活关系。"[1]也就是说,作为社会的上层建筑而存在的法,其产生和发展离不开经济基础,它源于人们的物质生活条件,并随着物质生活条件的发展而发展。法不是从来就有的,它是随着阶级、国家的产生而出现的,在本质上它代表的是统治阶级的根本利益,是为统治阶级服务的。在法律与自由的关系上,马克思和恩格斯认为法律是自由的保障,"法典就是人民自由的圣经"[2],"真正的自由"是维护和实现人民自由的法律。在法律与平等的关系上,马克思和恩格斯认为立法平等与司法平等相辅相成,认为立法的平等是司法平等的前提。另外,马克思和恩格斯在总结巴黎公社经验教训时,提出的如有关人民主权、无产阶级专政、法律权威等社会主义法治的设想,对我国今天的社会主义法治建设有重要指导意义。

列宁结合俄国社会主义革命和建设的实际,继承和发展了马克思和恩格斯的法治思想,尤其是在社会主义法治建设方面,列宁提出了不少在社会主义条件下法治建设的精辟论述。比如,列宁高度重视法治建设,将之作为社会主义建设

---

[1] 《马克思恩格斯全集》(第13卷),人民出版社1962年版,第8页。
[2] 《马克思恩格斯全集》(第1卷),人民出版社1995年版,第176页。

的重要内容。列宁认为:"工人阶级夺取政权之后,像任何阶级一样,要通过改变所有制和实行新宪法来掌握和保持政权,巩固政权。"① 也就是说,列宁将加强法治建设看作为巩固社会主义政权、保障人民权益的必要手段。列宁尤其重视宪法在社会主义法律体系中的重要地位,认为宪法是表达人民主权的根本大法。他领导制定了世界上第一部社会主义性质的宪法,以集中体现无产阶级和广大劳动人民的意志和利益。此外,列宁还在法律权威、权力监督、维护法制统一等多方面都作出了有益探索。列宁的这些法治思想,为我们建设社会主义法治文明提供了极其宝贵的理论和实践经验。

二、中国化马克思主义的法治建设思想

(一) 毛泽东的法治建设思想

毛泽东的法治建设思想是在马克思主义经典作家相关思想的基础上,依据中国具体实际,在社会主义革命和建设的实际中逐步形成的,拥有十分丰富的内涵。

比如,在宪法建设上,毛泽东非常重视宪法的地位和作用。他认为:"世界上历来的宪政,不论是英国、法国、美国,或者是苏联,都是在革命成功有了民主事实之后,颁布一个根本大法,去承认它,这就是宪法。"② 为此,中华人民共和国成立后,毛泽东主持起草了中华人民共和国的第一部宪法。

毛泽东提出了内容丰富的人民民主专政理论。他认为,人民是社会主义国家的主人,人民民主专政就是对人民实行民主,对敌人实行专政。围绕无产阶级专政,毛泽东提出了如关于工人阶级领导权的思想、关于党的领导核心的思想、关于工农联盟的思想以及关于统一战线的思想等一系列观点。

在有关法律的本质问题上,毛泽东继承和发展了马克思主义经典作家的相关思想。他认为,法律是阶级压迫工具,它总是一定的经济、政治与文化的反映并为特定的阶级服务。社会主义法律是属于人民的,其应当确认和保护人民的基本自由,捍卫革命成果,维护社会主义的经济基础。

此外,在健全法制方面,毛泽东对立法和执法工作提出许多宝贵思想。如有关刑罚上,毛泽东认为刑罚"第一是思想改造",认为教育才是改造罪犯的最终目的。对刑罚的适用,毛泽东主张"宽严相济、罪刑相适"的原则,并提出了"惩办与

---

① 《列宁全集》(第 30 卷),人民出版社 1957 年版,第 433 页。
② 《毛泽东选集》(第 2 卷),人民出版社 1991 年版,第 735 页。

宽大相结合"的政策。毛泽东还提出了"让人民监督政府"的思想。这些思想,为我国的立法和执法工作指明了方向。

毛泽东的法治建设思想,为我国社会主义法治建设打下了坚实的基础。

(二)邓小平、江泽民、胡锦涛对社会主义法治建设理论的丰富发展

改革开放以来,以邓小平、江泽民、胡锦涛为主要代表的中国共产党人创造性地应用和发展了马克思主义的法治建设思想。

邓小平的法治建设思想,是在总结中华人民共和国成立之后近30年社会主义法治建设的经验和教训的基础上形成的。在邓小平法治建设思想的指导下,我国的社会主义法治建设获得了突飞猛进的发展。针对以往长期存在的以权代法、以言代法、个人崇拜等现象,特别是针对"文化大革命"破坏法制的教训,邓小平明确指出:"不是说个人没有责任,而是说领导制度、组织制度问题更带有根本性、全局性、稳定性和长期性。"① 因此,他认为"还是要靠法制,搞法制靠得住些"②。基于这样的认识,邓小平提出了政治体制改革的任务,并指出政治体制改革的目标是建立社会主义民主政治。在立法、执法和司法方面,邓小平提出了法制建设的十六字方针,即"有法可依、有法必依、执法必严、违法必究"。在增强全民法律观念上,邓小平提出要高度重视法制教育工作,提出"全党同志和全体干部都要按照宪法、法律、法令办事,学会使用法律武器"③。邓小平还提出了经济建设和法制建设"两手抓,两手都要硬"的方针,提出了要改革和完善政治体制,要正确处理党和法的关系等。

江泽民的法治建设思想,主要是围绕依法治国的战略目标,提出了一系列新思想、新战略,这些新思想、新战略标志着中国逐渐实现由法制向法治的转变。江泽民认为,依法治国,就要把社会生活的各个方面都纳入法律调控的范围,建立完备的社会主义法律体系。江泽民主张,要坚持以德治国,要德法并举,依法治国和以德治国相结合。他还主张,必须将坚持党的领导、人民当家作主和依法治国方略有机统一起来。

胡锦涛的法治建设思想,立足于党的十六大后我国法治建设的新情况,从我国的现实国情出发,丰富和发展了以往历代领导人的法治建设思想。胡锦涛首

---

① 《邓小平文选》(第2卷),人民出版社1994年版,第333页。
② 《邓小平文选》(第3卷),人民出版社1993年版,第379页。
③ 《邓小平文选》(第2卷),人民出版社1994年版,第371页。

次提出了社会主义法治理念教育的任务,并将社会主义法治理念概括为五个方面,即"依法治国、执法为民、公平正义、服务大局、党的领导"①。胡锦涛还提出了扎实推进社会主义文化强国建设,在全社会大力弘扬社会主义法治精神,推动法治文化建设走向深入。此外,在宪法建设方面,胡锦涛提出了依法治国的首要前提是依宪治国,要树立宪法的绝对权威。他强调党要依法执政,要将权力限制在法律允许的范围内。

(三)习近平法治思想

党的十八大以来,习近平总书记高度重视法治建设,创造性提出了关于全面依法治国的一系列新理念新思想新战略。2020年11月16日至17日,中央全面依法治国工作会议在北京召开,将习近平法治思想明确为全面依法治国的指导思想,为新时代建设法治中国指明了前进方向。

习近平法治思想内涵丰富,是一个科学系统的思想体系。习近平对当前和今后一个时期推进全面依法治国的工作提出了11个方面的要求。

第一,坚持党对全面依法治国的领导。习近平指出:"坚持党对全面依法治国的领导。党的领导是推进全面依法治国的根本保证。国际国内环境越是复杂,改革开放和社会主义现代化建设任务越是繁重,越要运用法治思维和法治手段巩固执政地位、改善执政方式、提高执政能力,保证党和国家长治久安。"②

第二,坚持以人民为中心。习近平指出,"全面依法治国最广泛、最深厚的基础是人民",党的十八大以来,习近平明确提出以人民为中心的发展思想,并强调"人民对美好生活的向往,就是我们的奋斗目标"。

第三,坚持中国特色社会主义法治道路。道路决定命运。党的十八大以来,习近平总书记指出,全面推进依法治国,必须走对路。如果路走错了,南辕北辙了,那再提什么要求和举措也都没有意义了。他认为走什么样的法治道路、建设什么样的法治体系,是由一个国家的基本国情决定的。要从中国国情和实际出发,走适合自己的法治道路,决不能照搬别国模式和做法,决不能走西方所谓"宪政""三权鼎立""司法独立"的路子。习近平指出要坚持的中国特色社会主义法治道路,要发展中国特色社会主义法治理论,要建设中国特色社会主义法治

---

① 《胡锦涛文选》(第2卷),人民出版社2016年版,第428页。
② 习近平:《以科学理论指导全面依法治国各项工作》,《论坚持全面依法治国》,中央文献出版社2020年版,第2页。

体系。

第四，坚持依宪治国、依宪执政。习近平在中央全面依法治国工作会议上的讲话指出：坚持依法治国首先要坚持依宪治国，坚持依法执政首先要坚持依宪执政。我们讲依宪治国、依宪执政，同西方所谓"宪政"有着本质区别，不能把二者混为一谈。坚持依宪治国、依宪执政，就包括坚持宪法确定的中国共产党领导地位不动摇，坚持宪法确定的人民民主专政的国体和人民代表大会制度的政体不动摇。①

第五，坚持在法治轨道上推进国家治理体系和治理能力现代化。法治是国家治理体系和治理能力的重要依托。习近平在中央全面依法治国工作会议上深刻指出，只有全面依法治国才能有效保障国家治理体系的系统性、规范性、协调性，才能最大限度凝聚社会共识，强调要坚持在法治轨道上推进国家治理体系和治理能力现代化。

第六，坚持建设中国特色社会主义法治体系。习近平指出："全面推进依法治国涉及很多方面，在实际工作中必须有一个总揽全局、牵引各方的总抓手，这个总抓手就是建设中国特色社会主义法治体系。依法治国各项工作都要围绕这个总抓手来谋划、来推进。"②

第七，坚持依法治国、依法执政、依法行政共同推进，法治国家、法治政府、法治社会一体建设。坚持依法治国、依法执政、依法行政共同推进，法治国家、法治政府、法治社会一体建设，是对全面依法治国的工作布局。

第八，坚持全面推进科学立法、严格执法、公正司法、全民守法。坚持全面推进科学立法、严格执法、公正司法、全民守法，是全面依法治国的重要环节。习近平指出："推进科学立法、民主立法，是提高立法质量的根本途径。"③全面推进依法治国的重点应该是保证法律严格实施，努力让人民群众在每一个司法案件中都能感受到公平正义。习近平在中央全面依法治国工作会议上还特别指出，普法工作要在针对性和实效性上下功夫，特别是要加强青少年法治教育，不断提升全体公民法治意识和法治素养。

---

① 习近平：《坚定不移走中国特色社会主义法治道路，为全面建设社会主义现代化国家提供有力法治保障》，《人民日报》，2020年11月18日，第1版。
② 习近平：《关于〈中共中央关于全面推进依法治国若干重大问题的决定〉的说明》，《论坚持全面依法治国》中央文献出版社2020年版，第93页。
③ 习近平：《关于〈中共中央关于全面推进依法治国若干重大问题的决定〉的说明》，《论坚持全面依法治国》中央文献出版社2020年版，第95页。

第九，坚持统筹推进国内法治和涉外法治。随着中国日益走近世界舞台的中央，我们所面临的风险和挑战明显增多，必将迎接具有许多新的历史特点的伟大斗争。"在对外斗争中，我们要拿起法律武器，占领法治制高点，敢于向破坏者、搅局者说不。"①"全球治理体系正处于调整变革的关键时期，我们要积极参与国际规则制定，做全球治理变革进程的参与者、推动者、引领者。"②

第十，坚持建设德才兼备的高素质法治工作队伍。法治国家、法治政府、法治社会一体建设，全面推进科学立法、严格执法、公正司法、全民守法，都离不开一支高素质的法治工作队伍。

第十一，坚持抓住领导干部这个"关键少数"。领导干部是党和国家事业发展的"关键少数"，对全党全社会都具有风向标作用。③ 领导干部的作风直接关系党内风气和政治生态，关系民心向背，决定着党的群众基础。

全面依法治国是国家治理的一场深刻变革，离不开正确理论的指导。没有正确的法治理论引领，就不可能有正确的法治实践。④ 习近平法治思想是马克思主义法治理论中国化最新成果，是推进全面依法治国的根本遵循和行动指南。法治教育，无论是理论还是实践上都需要以习近平法治思想为指导。比如在回答党与法、法治与德治、改革与法治等重大问题上，习近平法治思想为我们澄清了我国法治建设中认识误区，有助于破除长期以来人们对西方法治的迷信，为包括大学生法治教育在内整个法治教育提供了重要指导。

第二节 法治文化与法治教育的关系

一、法治文化与法治教育的历史契合性

无论是在西方还是东方，法治教育都是与一定的法律文化相适应而产生和

---

① 习近平：《在中央全面依法治国委员会第一次会议上的讲话》，《论坚持全面依法治国》中央文献出版社2020年版，第225页。
② 习近平：《在中央全面依法治国委员会第一次会议上的讲话》，《论坚持全面依法治国》中央文献出版社2020年版，第225页。
③ 习近平：《在"不忘初心、牢记使命"主题教育总结大会上的讲话》，《求是》2020年第13期。
④ 习近平：《立德树人德法兼修抓好法治人才培养，励志勤学刻苦磨炼促进青年成长进步》，《人民日报》2017年5月4日，第1版。

存在的,一定时期的法治教育也总是一定法律文化视域内的现象。法治文化是现代形态的法律文化,大学生法治教育是法治文化视域内的现象:法治文化是大学生法治教育的生存环境和土壤,因而它必然会对其产生深刻的影响;而大学生法治教育则会对法治文化的发展进步起到引领、重塑作用。

(一)文化是法治教育生存和发展的重要影响因素

文化与教育相伴而生,相随而长;文化离不开教育而发展,同样教育也不能脱离文化而存在。文化和教育处于同一个层次,虽然文化和教育均由社会政治、经济所决定,但对教育发展来说,文化因素是一个不可忽视的因素。如果说社会的政治、经济是教育发展的根基的话,那么文化则是教育发展的灵魂。在影响和制约教育发展的各种因素中,过去人们往往把政治、经济等因素放在突出的位置,而文化因素则经常被忽视或者被当作"次要"因素。事实上,文化具有相对独立性,这种独立性首先体现在它与政治、经济发展具有不平衡性,或者超前或者滞后。政治、经济对文化的决定作用是就终极意义而言的,不能简单地就认为,人类社会发展的所有阶段、所有环节和所有事件上,都是由政治、经济决定的。特别是在社会急剧变革的时期,文化往往具有超前性,超越社会现实而成为政治、经济发展的强大推动力量。而且,文化也并非只是消极地受政治、经济决定的,它对政治、经济发展具有巨大的反作用:先进的、进步的文化可以为经济、政治的发展提供正确的方向指引,提供智力支持和强大精神动力,促进经济、政治的发展与进步;相反,落后甚至腐朽的文化则会限制、阻碍经济、政治的发展,甚至将经济、政治的发展引向歧路。

"文化及其传统与高等教育的关系,不同于政治、经济等与高等教育的关系,既兼有内部关系与外部关系两方面的性质,又介乎它们之间,起着沟通两种关系的桥梁作用"。[①] 因此,法治文化之于法治教育的影响和作用更直接,也更深远。社会发展特定历史阶段的法律文化环境,构成了该阶段大学生成长和法治教育最直接、最具影响力的生存土壤,法治教育不应也不可能回避各历史阶段特有的法律文化环境。法律文化的脉动与嬗变都直接引起或终将引起大学生成长发展和法治教育的变化,这种变化将引领、重塑社会文化。

在现代法治教育领域内,法治文化是法治教育得以生存的特定的文化环境,

---

① 潘懋元、朱国仁:《高等教育的基本功能:文化选择与创造》,《高等教育研究》1995年第1期,第1页。

法治文化也将引领、重塑法治教育。

第一,法治文化对法治教育价值观,特别是法治教育价值取向有重要影响。法治的价值包括自由、人权、公平、秩序等方面,其中自由、人权是法治对人的终极关怀,因为只有在此意义上,法治才不至于成为奴役人的工具,进而成为实现人们美好愿望的生活方式;公平、秩序则是人类社会存在和发展的必要前提,是实现人们美好愿望必不可少的社会条件。法治的这些价值是法治文化的追求,也必然是法治教育所要实现的目标。"对法治价值的实体性理解着眼于法治本身所包含的道德原则和法治所要达成的社会目标。"[①]就法治教育价值取向而言,它作为人们对法治教育价值的倾向性认识,主要体现的是法治教育的属性与人的需要之间的关系。由于不同国家、不同民族,人们对法治教育的价值需要是不同的,因而会有不同的法治教育价值取向。世界各国文化传统的差异,也必然会反映到法治教育价值取向上来。比如英美等不少西方国家历史上有着浓厚的自由主义文化传统,强调教育的目的在于促进个体人性或理性的自由发展,从而形成了以个人为中心的法治教育价值取向。而中国深受儒家文化影响,一直以来强调的是"修身、齐家、治国、平天下",行"内圣外王"之道,形成了以国家和社会为中心的法治教育价值取向。当然,法治教育价值取向不是一成不变的,法治教育的上述两种价值取向也不是截然分开的。事实上,随着文化的开放与交流,各国、各民族文化传统在相互交融中,在变化发展中,各种不同法治教育价值取向也相应出现了一定程度上的融合趋势。尤其是第二次世界大战结束以来,随着科学技术的迅速发展,法治教育在促进社会发展中发挥越来越重要的作用。英美等一些西方国家也开始高度重视法治教育的社会价值,包括中国、日本等在内的东方国家也逐渐意识到法治教育要更好地为国家和社会发展服务,就必须重视对学生个性的培养。由此,两种法治教育的价值取向出现相互借鉴、相互渗透的趋势。这种趋势的出现,也是由文化的开放、交融而导致的文化传统的变迁所带来的。

第二,法治文化中的法律思想和法律观念等对法治教育主体的法律思想和法律观念产生影响,甚至对法治教育的内容和方法也产生深刻影响。比如,在中国传统封建社会里,由于深受儒家思想观念的影响,形成了以儒家的"礼"为核心的传统法律思想,这种传统法律思想不断被强化和固化,在其影响下中国封建社

---

① 夏勇:《法治源流——东方与西方》,社会科学文献出版社2004年版,第14页。

会便出现了所谓"法律儒家化"的现象。也正是在这种法律思想的影响下,中国传统法治教育从教育者和受教育者的法律观念到法治教育的内容和方法都深受儒家思想的影响,呈现儒家化的鲜明特征。近代随着国门被列强打开,西方法律思想在中国广泛传播,出现了对西方法律的"移植",法治教育也相应地呈现出"西方化"的现象。另外,法治文化,尤其是知识形态的法治文化本身就是构成法治教育内容的重要来源,法治文化中法律制度和法治教育政策也会对法治教育的内容和方法产生影响。比如,受西方大陆法系和英美法系两种不同法律传统和思想文化影响的不同国家,其法治教育从理念到体制、从内容到方法等也都呈现出巨大的差异性,带上各自不同的特点。

第三,法治文化对法治教育还有独立产生影响的一面。法治文化作为一个文化系统具有相对独立性,尤其是观念形态的法治文化,其独立性尤为明显。法律制度、法律规范也具有相对稳定性,它们并不是随着社会变革同步或即时发生变化的。法律文化的这种独立性,决定了它能够在政治、经济等社会因素之外对法治教育独立地产生影响。在此,法治文化成为联系政治、经济与法治教育的媒介,成为他们之间沟通的"桥梁"。在社会发展历史过程中,一定社会政治、经济的发展必然推动该社会法律文化的进步,而法律文化的进步又必然会在法律制度、法律观念等方面对法治教育产生直接的影响。当然,法治教育的发展进步也必然会促使各种新的法律思想观念的产生和新的法律制度的创制,从而推动法律文化发展,形成新的法律文化,而这种新的法律文化又可以成为一定社会政治、经济进一步发展的条件。

法治文化是现代法治教育中不可忽视的重要影响因素。它是法治教育生存的文化环境,对其发展具有重要的促进作用;同时,在特定时期,法治和法治文化建设的需求是"倒逼"大学生法治教育价值取向变革的重要因素。

(二)法治文化的形成是一个法治的教育过程

在历史上,人类早期虽已出现了"法治"一词和一些有关"法治"的思想萌芽,但不能说就已经形成了法治,更谈不上形成法治文化。因为这时的"法治"还是与"人治"合一的,还只是"以法治国"而已。无论是古代中国春秋战国时期法家主张的"圣法之治""以法治国"还是古希腊亚里士多德等人主张的"法治",这些至多只能算是法治的萌芽。"法治"真正成为一种文化现象,还是近代西方文艺复兴运动开启的法治启蒙和教育的产物。

在近代，西方从文艺复兴运动开始形成了与"神为中心"相抗衡的人文主义思潮。人文主义者高扬"个性解放"和"人的尊严"的大旗，反对封建"神道"和等级特权。正是经过启蒙运动的教育，人们才认识到："法治"已不仅仅是指主要依靠由不受人的感情支配的法律来治理国家的"以法治国"，更重要的是它还是一种与民主制、共和制相联系的人的理性的生活方式。孟德斯鸠（Montesquieu）指出："没有法治，国家便将腐化、堕落。"①他更提出了一套实行法治的方法，比如要有制定得好的法律，司法要严格按程序办事，人人守法，君主尤其要守法，不得滥用权力，实行分权等。洛克（John Locke）则认为，公民社会君主只能依法治理，否则公民都守法而只有君主一人处于自然状态，那是比自然状态更坏的状态，那就违背了社会契约，与人民组成政府的目的背道而驰。经过法治的启蒙和教育，在之后反对封建专制政权的资产阶级革命中，法治被赋予了全新的内涵，被作为一个与民主制、共和制相联系的，与封建专制政权的人治对立的政治制度。18世纪末至19世纪，西方国家纷纷开展了大规模的立宪和法律改革运动。到20世纪，大部分资本主义国家纷纷走上了法治的道路。第二次世界大战以后，法治观念逐步向全世界扩展，成为人类文明进步的一种共识和潮流。西方国家的法治实践证明，法治客观上保证了这些国家的政治和社会的长期稳定，促进了经济的发展和人的自由和权利的保护。同时也证明，法治文化的形成过程实质上就是一个法治的教育过程。

我国历史上缺少法治的传统，与封建专制制度相适应的传统法律文化更多的是与法治相抵触的"人治"为价值取向的思想观念，而且根深蒂固，对现代法治文化产生强烈的抵抗。近代中国，促成相对先进的西方法治观念和法律制度逐渐被国人所理解并接受，中西法律文化开始走向融合，近代法治教育功不可没。无论是洋务派"中学为体、西学为用"的教育宗旨，沈家本的"贯通中西"的法律观，还是康有为、梁启超等人的"废科举、育新民"的教育理念以及通过法制教育所传播的西方法治文化，都对中国近代法律的转型及走向法治的实践产生了巨大的推进作用。中华人民共和国成立后，我国的法治建设虽然走过了一段弯路，但改革开放以来，我们吸取"文化大革命"中不重视制度特别是法律制度建设的教训，首先加强了包括法律制度在内的各方面制度建设。2011年3月10日，时任全国人大常委会委员长的吴邦国在十一届全国人大四次会议上宣布，中国特

---

① 孟德斯鸠：《论法的精神》（下册），许明龙译，商务印书馆2012年版，第26页。

色社会主义法律体系已经形成,国家经济建设、政治建设、文化建设、社会建设以及生态文明建设的各个方面实现有法可依。这无疑是中国社会主义法治建设的一个重要里程碑。然而,我们又必须清醒,法治问题并不是纯粹的法律制度问题,那种认为只要制定了足够多的法律并且保证法律的实施,就是实现法治的观点,是对法治的曲解,更是对法治文化的误读。事实上,法治作为一种目标,除了依法治理的社会管理模式外,更多的是强调那种体现治国理念和规范公民言行的文化精神。也就是说,法治文化的构建涉及人的现代化问题,而人的现代化意味着思想意识、价值观等方面与现代市场经济、民主政治的协调,意味着拥有法治人格的新一代公民的培育和造就,一句话,离不开法治教育。

二、法治文化与法治教育的互适性

文化与教育两者相互包含、相互作用,互为目的和手段,它们处于同一个层次,均由社会政治、经济所决定。任何社会的发展离不开相应的文化支撑,而社会文化的培育、传递与发展又依赖于教育。在文化人类学界,文化在大多数时候是作为一个统一的整体予以把握的,而教育则被看作是文化的一部分。正如一些人类学家所指出的,所有主要的人类文化系统都必然包括教育的成分在内,虽然我们无法确切地指明文化究竟包括哪些领域,一一说明其涉及内容,但它首先应包括教育等在其中。① 因此,教育是文化的一个组成部分,它必然与文化整体之间有着重要影响和作用关系。法治文化是制约和影响法治教育价值取向的重要因素,它们相互间不仅存在历史发展的契合性,还存在现实功能作用的互补和相互促进性。

(一) 法治文化对法治教育的促进

法治文化是法治不可缺少的重要精神支柱,法治社会的建立必然要有相应的法治文化作为支撑。"没有落实到每个人的观念和行动中的尊重法治的法律文化的支持,任何法治都不可能横空独立。"②法治文化的重要内核就是对法治的内心确认、崇尚和信仰,这种崇尚和内心的确信是一种法治心理、法治观念、法治思想和法治行为的表征,更是一种良好的社会法治氛围。法治文化的内涵是

---

① 菲利普·巴格比:《文化:历史的投影》,夏克等译,上海人民出版社1987年版,第88页。
② 刘军宁:《共和·民主·宪政——自由主义思想研究》,上海三联书店1998年版,第171页。

动态的,随着人类文明的进步而逐步丰富和发展。法治文化的培育旨在为法治国家建设奠定尊崇法治的社会文化意识基础。一个社会能否确立起尊崇法治的社会心理,社会成员能否培养起追求法治的信念,是法治社会能否建立的一个先决条件。没有尊崇法治的法治文化,法治就没有希望。法治教育是一种有目的、有计划的社会传播行为。通过法治宣传教育,在全社会范围内实现传播法律知识、培养法治观念、弘扬法治精神、营造法治氛围的作用。可见,在弘扬法治精神,培育公民权利意识、法律至上和公平正义理念以及法律信仰上,法治文化与法治教育是一致的,它们共同承载着一个国家或地区法治化的功能。

"一次良好的法治实践本身就是最好的法制宣传教育,且效果远远胜过百次空洞的说教。"① 法治文化具有促进法治教育的功能,这可以体现在法治运行从立法、执法、司法到守法、法律监督和法律服务等各个环节。就大学生法治教育来说,这种促进体现在:

第一,法治文化推动法治教育的发展。根据英国功能主义学派的代表人物马林诺夫斯基(Malinowski)的观点,文化系统内部各要素并非互不关联的纯机械式的组合,它们在文化系统整体下发挥各自的功能并相互关联,共同维系着整个文化系统的运行。文化具有满足人类需要的功能。人们为生存需要而从事物质生产活动,在从事各种物质生产活动过程中又要结成一定的社会关系进而产生交往的需要。在长期的物质生产活动的实践中,人类通过创造各种制度规范乃至各种各样的风俗习惯来满足这些需要,据此也渐渐形成了一个国家和民族的深层次的文化心态,比如价值观、思维方式等。人的需要无止境,这也推动了人类不断创新发展文化满足自己的需要。

教育包括法治教育,就其本质而言,是一个提升人的价值的过程。一个人的个人价值的实现和全面发展是其自我价值实现的最高表现。无论是法治文化还是法治教育,其指向的都是人,其最终价值都是实现人的自由全面发展。就大学生大法治教育而言,大学生法治教育的主要目标是提高大学生的法治意识,为国家与社会培养"法治公民",同时实现大学生自身的自由全面发展。法治文化的核心是教育,它包含了对青年学生进行法律知识、法治意识乃至法治信仰的教育,以培养全面发展的人为目的。就这一点看,法治文化的宗旨与素质教育的目标是一致的。素质教育是当下我国学校教育的基本目标,这个目标不但包括身

---

① 培根:《培根论说文集》,水天同译,商务印书馆2003年版,第193页。

体素质在内的体育目标和科学文化素质在内的智育目标,还包括思想道德素质和法治素养在内的德育目标。大学生法治教育培育大学生的法治素养,其根本目标是促进人的自由全面发展。所以,法治文化与大学生法治教育相互联系、相辅相成,它以特有的丰厚文化底蕴推动大学生法治教育的发展。

大学生都是特定的历史文化和现实生活中的人,他们来自社会的各个角落,他们有着不同的区域、不同的家庭文化背景,有着不同的"文化习性"。因此,大学是一个社会的缩影,也是一个文化交流的空间。这一空间既要受到整个社会文化大背景的影响和制约,也要受到学校这个"小社会"所特有的校园文化背景的影响和制约。随着我国社会主义市场经济的发展和民主政治的进步,法治文化也以前所未有的广度和深度向全社会传播。大学生法治教育对法治文化的传播将极大地丰富校园文化的内涵,拓宽校园文化的领域,促使校园法治朝文化多元化的趋势发展。在校园中组织的有关法治文化的讲座、讨论、学术报告、知识竞赛等活动,激励了大学生对法治文化的向往,使法治文化深入大学生的内心。这促进了法治文化与高校校园文化的互动,融入法治文化建设,有助于高校营造良好的校园法治文化氛围,促进大学生法治教育的有效开展。当今时代对大学生法治教育的要求,决定了大学生法治教育发展的趋势。大学生法治教育也需要有更深刻的文化内涵,需要有更深厚的文化氛围。法治文化在大学的传播有利于大学生法治教育的发展,从而营造出文明、健康、高品质的校园文化氛围。

第二,法治文化满足大学生的法治需求。法治文化融合了法治和教育,法治文化建设将对全体公民尤其是青少年的和谐发展产生积极作用。法治文化不仅关注法治对人的生存、发展的意义,更关注人在法治中的状态与处境。人的价值包括人的生存价值、发展价值、创造力价值、完善与享受的价值。对于大学生的需要而言,只有这些价值的获得,才是人的全面而自由发展的真正实现。法治文化对人的全面发展包含了人自主性的体现。因此,法治文化满足了大学生对法治的文化需求。它将提高大学生的法治素养和人文素养,促进大学生自我价值的实现,对大学生人格的健全、社会价值观的培养、法治文化与素养的提高和终身法治兴趣的养成等方面均具有重要意义。

丰富多彩、健康向上的文化生活是衡量当代人们生活质量高低的重要标志,也是实现人的自由全面发展的重要因素。高校是培养人才的地方,也是文化生活的集合地。就法治文化而言,高校丰富、健康的法治文化生活是大学生生存和生活质量高低的重要标志。随着我国法治国家、法治政府、法治社会建设的深入,大学生对法治文化的需求日益增长,从日常生活中同学关系、师生关系的调处到与学校、家庭乃至社会关系的认知与处理,从自身财产权到人身权的维护,大学生都需要法治来作为"守护神"和"指路人"。不仅如此,大学生对法治文化的这些需求还日益明显地转化为大学生的文化权益。比如,大学生有享受法治文化发展成果的权利,特别是享受基本的法治文化服务等方面的权利;有参与各种形式的法治文化活动的权利;有开展法治文化创造包括法治理论研究、法治文艺创作等方面表现主体创造力的权利;还有拥有法治文化创造成果知识产权的权利,包括著作权、专利等。大学生的这些权益只有在法律的框架内,才能够得到切实保障,因此,要满足大学生的法治文化需求,保障大学生的法治文化权益,就必须大力加强法治文化建设,大力营造良好的法治文化环境。

可见,法治文化可以促进大学生法治素养的提升,帮助大学生健全人格的形成。在现代社会,法治素养和道德素质、政治素质、科学素质等都是共同构成大学生综合素质的组成部分。高校乃至整个社会的法治文化环境与土壤对大学生法治素养的培育和提高起着直接的促进作用。法治素养的培育是实现大学生全面发展的内在要求,也是大学生人格健康发展的必然要求。同时,法治文化也促进大学生思想道德素质等其他方面素质的提高。比如,法律和道德是现代社会调节社会关系的两个最重要的社会规范,它们都建立于一定的经济基础之上,在这个意义上决定了它们在很大程度上是一致的。法治文化因有道德的支撑和道义的支持而更易于被大学生们认同和接受,而法治文化所包含的评价标准又往往因为与人们最基本的道德信念一致或接近,而在客观上推动道德的完善,促进大学生们对道德的认同,进而提高大学生的思想和道德素质。

(二) 法治教育对法治文化建设的推动

法治教育也是法治文化建设的重要推动力量。从大学生法治教育看,大学生是社会主义法治国家建设的重要力量,是法治文化建设的参与者和实践者。大学生法治教育是法治文化建设的基础环节,它作为一项有计划、有目的教育实践活动,承担着向大学生传授法律基础知识、引导大学生法治行为的重要职责。大学生法治教育以其生动鲜活的内容、丰富多彩的形式以及鲜明的价值指引,构成法治文化的有机组成部分。法治教育对法治文化的影响和作用还体现在以下几个方面。

首先,法治教育具有传播、发展法治文化的功能。传播法治文化、发展法治文化是法治文化建设的重要内容,在这方面法治教育发挥着不可或缺的重要作用。其中,由学校集中进行的对青少年的法治教育尤为重要。"法治文化关注的是法治原则和法治精神的实现,在没有法治传统的国度进行法治教育,必须由政府主导进行全民法制宣传。"① 就大学生法治教育而言,它帮助大学生学习法律知识,树立法治观念,增强法律意识,学会运用法律武器维护自身的合法权益,同违法行为作斗争,从而保证国家宪法、法律的实施,这本身就起到了传播法律知识、培育法治观念、弘扬法治精神、营造法治氛围、传播法治文化的作用。此外,大学生法治教育本身的特点和其具有的特殊条件,决定了它在传播法治文化中的特殊重要性。大学生法治教育可以对传播的法治文化的内容加以选择、整理;大学生法治教育在实施过程中可以不断反馈、修正传播内容和渠道,避免对所传播法治文化的误读;大学生法治教育的教育者与受教育者即传播者与受传播者可以建立起亲密、稳定的联系;大学生法治教育还可以利用课堂授课、课外活动、网络教育、社区服务等组织形式高强度地进行法治文化的传播。

其次,法治教育具有法治文化创新功能。法治教育在传播、发展法治文化的过程中,并不是简单地复制法治文化,它会随着社会变革的脚步,不断赋予已有法治文化以新的文化意义。法治教育过程,从某种意义上讲就是创造法治文化的过程。法治文化进步的一个重要特点就是其本身必须不断创造与更新。通过法治教育这一基础性工作,把已有的法治文化财富不断内化成为受教育者个体的精神财富,培育他们与法治文化发展相关的个性、创造力,从而使法治文化得以发展和不断更新。高校的任务是培养人才,尤其是创新型人才。大学生法治教育的文化创新功能也必然表现在人才的培养上。法治教育特别是大学生法治教育,可以通过其教育活动培养大学生的创新思维能力,激发他们的各种潜能,促使他们成为具有创新精神的创新型人才,从而为法治文化创新不断提供原动力。因此,大学生法治教育是法治文化创新的重要源泉。

此外,法治教育还具有整合控制法治文化的功能。文化具有复杂性、多样性,但无论何种文化,从整体上讲,都在一定程度上是整合为一的,法治文化也不例外。就大学生法治教育看,它可以通过法治精神、法治观念等的宣传教育,通过对大学生行为的引导、规范达成社会整合的目的。法治文化一旦达成整合,便可形成一种文化模式并保持下去,凭借其自身的各种自我组织系统,形成一种极

---

① 卓泽渊:《法治国家论》,中国方正出版社 2001 年版,第 126 页。

深的文化控制力量。大学生法治教育对法治文化的形成与发展有着重要的限制作用,这种限制作用主要体现在:一是法治教育传递和传播的社会价值规范,规定着受教育者的文化行为;二是学校、班级作为社会群体,对法治文化有着一定的控制作用;三是人才选拔制度。高校的特殊地位和作用,使得它成为生产和传播法治文化的重要平台。高校通过大学生法治教育传播法治文化,有利于法治建设的持续、健康开展。法治文化与大学生法治教育的有效结合,是双方发展的共同需要。

可见,与法治文化的契合是现代法治教育的最基本特征之一。只有深入到法治文化层面,探寻大学生法治教育的合理价值取向,才能深入到大学生法治教育改革的内核。

三、法治文化与法治教育价值诉求的一致性

法治教育与法治文化之所以能够实现良性互动,除了它们之间存在历史契合性和功能作用互适性外,更为根本的原因在于两者还存在价值诉求的根本一致性。

(一)法治文化的价值诉求

在法治文化系统中,法治主义、法治意识、法治精神、法治原则等一系列精神层面的内容,深刻地反映了法治文化的内涵,体现出法治文化的价值追求。法治主义的萌芽最早出现在古希腊,古希腊雅典著名智者亚里士多德对法治有过一句对后世产生深远影响的名言:"法治应优于一人之治","法治应包含两重意义:已成立的法律获得普遍的服从,而大家所服从的法律又应该本身是制定得良好的法律"[1]。这可以说揭示出了法治的最基本属性——法的权威性和法的合理性,换句话说就是法的至上性与人的至尊性。人们对法和法治的信仰来自其自身存在的价值,而这种价值最核心的部分就是对公民权利(人的权利)的保护。正是这种对于人的关怀和保护,才使人类对法产生一种归属感和依赖感,使法治文化成为人类文化的重要组成部分。世界各国的法治和法治文化发展历史表明以及不同法系下的法治文化是不一样的,无论是大陆法系国家还是英美法系国家各自内含的法治文化也有不同的表现形态,即使是在同一国家的不同历史阶

---

[1] 亚里士多德:《政治学》,吴寿彭译,商务印书馆1965年版,第167—168页。

段,法治文化也会表现出不同的发展形态,治理国家的法治模式也就不尽相同。尽管法治和法治文化的内容和表现形态不尽相同,但法治的基本属性和法治文化的核心价值追求是共同的,这一点是毋庸置疑的事实。

近代法治国家的形成开创了人类政治文明的先河,成为西方政治文化的灵魂。西方法治主义的发展,从价值追求来看基本上是顺着两个方向进行的,这就是追求社会公正有序发展即法的至上性和实现人的自由全面发展即人的至尊性。在西方,有关法治的论述在16—18世纪就已经大量出现,但真正作系统化的阐述则出现于19世纪。在主要奉行神治的中世纪西欧社会,开始有人探讨社会究竟应该服从何种权威统治的问题。15世纪的德国神学家尼古拉斯(Nicolas)就重申了那句古老的格言:"万民之事应由万民决之。"法国的格尔森则主张:未经正当程序,国王不得处死任何人;国王应服从最高法院的管辖;君主虽不受法律的羁束,但出于为其臣民树立榜样之故,也应依据他们自己所立的法律活动。① 英国的福蒂斯丘则更进一步强调国王也不得超越法律之上,即使与王命相违,法官仍可依法做出判决。② 如果说在16世纪法律权威至上的主张还只是少部分人的观点的话,那么进入17世纪后,这种主张则日益占据上风。1612年柯克(Coke)法官在对英国国王詹姆斯一世宣称自己是上帝之下的最高裁判者并拥有对司法管辖权的冲突问题做出裁决的观点作出针锋相对的回答:"王居万民之上,惟居神与法之下",资产阶级革命胜利后,法的至上权威在英国确立了起来。洛克在总结英国的法治实践时指出:"处在政府之下的人们的自由,应有长期有效的规则作为生活的准绳,这种规则为社会一切成员所共同遵守,并为社会所建立的立法机关所制定。"③ 所谓法治就是"以正式公布的既定的法律来进行统治,这些法律不论贫富、不论权贵和庄稼人都一视同仁,并不因特殊情况而有出入"④。

19世纪后期,西方不少法学家、学者对法律权威至上性进行了系统的阐述。如英国法学家戴雪结合英国的宪政和法治实践,提出了著名的法治三原则,即"除非明确违反国家一般法院以惯常合法方式所确立的法律,任何人不受惩罚,

---

① 转引自宋云博、谭和平:《"欧洲法治"与"人本"思想——兼议欧美法治与马克思主义回归》,衡阳师范学院学报2009年第4期,第54—55页。
② 转引自宋云博、谭和平:《"欧洲法治"与"人本"思想——兼议欧美法治与马克思主义回归》,衡阳师范学院学报2009年第4期,第55页。
③ 洛克:《政府论》(下篇),叶启芳、瞿菊农译,商务印书馆2017年版,第15页。
④ 洛克:《政府论》(下篇),叶启芳、瞿菊农译,商务印书馆2017年版,第90页。

其人身或财产不受侵害";"任何人不得凌驾于法律之上,且所有人,不论地位条件如何,都要服从国家一般法律,服从一般法院的审判管辖权";"个人的权利以一般法院中提起的特定案件决定之"①。另一位英国著名学者拉兹则认为,法治的字面含义就是"法的统治",这种"法的统治"广义上是指"人们应服从法律并受法律统治",而在政治和法律理论中则狭义地指"政府应受法律统治并服从法律"。他提出了他的法治八原则:一是法不应溯及既往,应公开和明确;二是法律应相对稳定;三是特别法的制定应受公开、稳定、明确的一般规则指导;四是保障司法独立;五是遵守自然正义原则;六是法院应对其他原则的执行握有审查权,即指审查议会和行政立法等;七是法院应易于接近,省时节费;八是预防犯罪的机构在行使裁量权中不得滥用法律。② 这里,拉兹虽然认识到一般法可能含有宗教或种族歧视方面的规定,从而在法治原则中包括了特别法,但他同时强调特别法要受一般法原则的指导,最终维护了一般法的绝对权威。由此,在西方逐渐形成了一种文化:强调依法统治,把法律作为治理国家、管理社会的主要方法,主张一切个人或机构都处在法律之下,受事先制定的法律规则的统治和约束;强调法律自治,认为法律要与道德、宗教等相分离;强调法律面前人人平等,主张坚持法律的一般性和普遍性,认为无论是维护特权的立法还是给以某些特殊社会群体如弱势群体特别照顾或救助,都是对法治的破坏;强调司法独立和程序公正,反对在司法中掺入具有价值意向的道义原则;强调法律的公开性、明确性和稳定性,反对模棱两可、随意解释和朝令夕改……这一切的直接诉求就是法的至上性。

无疑,以法的至上性作为一种直接价值诉求,这对反对封建专制和特权、平等保护公民权利起到了重要作用,对自由市场经济的发展也起到了积极的推动作用。但是,如果片面地强调这种法的至上性,就会陷入所谓的"形式法治"窠臼,其固有的局限和危害也必将暴露出来。比如这种"形式法治"将法律的权威诉诸国家,甚至将法律等同于"主权者的命令",具有陷入"恶法亦法"的潜在危险。第二次世界大战期间出现的法西斯统治即是"恶法亦法"的明显例证,在那里,法律蜕变为专制统治的工具。而强调法律自治,排斥法律中包含的宗教、道德等实质性价值,其结果将使法律变成为一个由法律技术规则体系和操作这些

---

① 戴雪:《英宪精义》,雷宾南译,中国法制出版社 2001 版,第 232—237 页。
② 戴雪:《英宪精义》,雷宾南译,中国法制出版社 2001 版,第 231—245 页。

规则的法律职业者所组成的完全封闭的系统,从而使其自身丧失了自我批判和超越能力,使法律成为被"抽掉灵魂的躯体",成为"非人格化的冷酷理性"①。另外,强调法律的普遍性、一般性,虽旨在对所有人提供平等的法律保护,但这种"法律面前人人平等"仍然只是形式平等而已。正如恩格斯所说:"法律上的平等就是在富人和穷人不平等的前提下的平等,即限制在目前主要的不平等范围的平等,简括地说,就是简直把不平等叫做平等。"②事实上,随着自由放任的传统市场经济被国家干预的现代市场经济的取代,"形式法治"越来越受到西方国家实践的挑战。比如第二次世界大战后福利立法大量出现,使公民都享有最低生活保障的权利,由于这些福利立法带有明显的目的取向和道德关怀意旨,是针对特殊群体(如弱势群体),这样就打破了法律的一般性和普遍性。还比如第二次世界大战后人的基本权利和自由的突出强调,成为消除恶法的一种重要机制。对自由也从原来的消极自由变为开始"考虑为实现基本法所保障的自由权提供社会条件"。

因此,强调法的至上性是法治文化的直接价值追求,但这种价值追求不能与人的至尊性对立起来,即不能把法治单纯看成是治人。否则,必然会导致另外一种结果:人类在关怀法的时候,忘却了关怀自己,由此最终使法异化于人,成为人的对立物,最终不得不被人所抛弃。针对西方传统法律文化中片面强调法的至上性的"形式法治"倾向及其问题受到的理论和实践的挑战,人们开始关注法治的"实质正义"。比如 1959 年在印度德里举行的国际法学家会议上通过的《德里宣言》中就包含了实质法治的价值取向。该宣言提及保障个人维护尊严的条件,法治"不仅保障和促进个人的公民与政治权利,且应确保个人合法期望与尊严得以实现的社会、经济、教育和文化条件"③。之后,在 1962 年、1965 年及 1966 年的国际法学家会议上,分别又在此基础上进一步将消除贫困、饥饿与失业以及人权保护作为与法治相关联的内容。显然,这些在一定程度上都超越了形式法治的概念,并在后来对西方法治主义的发展产生了深远的影响。事实上,自第二次世界大战结束以来,西方法律文化在价值取向上已发生了较为明显的变化。这种变化除了见诸学者的观点,也被引入正式国际人权保护的文件中。比如,

---

① 高鸿钧:《现代西方法治的冲突与整合》,《清华法治论衡》2000 年,第 11 页。
② 《马克思恩格斯全集》(第 2 卷),人民出版社 1957 年版,第 648 页。
③ J.Raz, *The Authority of Law: Essays on Law and Morality*, Oxford: Clarendon Press, 1979, pp.210-211.

《世界人权宣言》中,除了强调传统意义上的公民与政治权利,还涉及了经济、社会和文化权利,甚至还宣布了人人享有维持个人或家庭的"最低生活水准权"。1966年联合国大会通过的《经济、社会和文化权利公约》则全面确认了人之为人所应享有的经济、社会和文化权利。20世纪70年代以来,虽然坚持形式法治的观点仍大有人在,但许多西方学者已或明或暗地在法治论述中包含了实质法治的价值取向。如澳大利亚学者沃克在他的《法治:宪法民主的基础》一书中,在对实证主义的形式法治观点进行批驳的同时,提出了他的12项法治原则[①]。当代西方法学界最有影响的学者之一的德沃金则从权利的角度阐述了它的实质法治观点,如他提出了维护道德权利的观点,认为道德权利是法律不能剥夺的基本权利,个人有抵制不正义法律的权利。另外,他还反对形式平等,主张给弱势群体以更多的保护等。

当然,西方学者的这些观点都试图通过输入某种新的精神或价值以纠正形式法治的缺陷,但总体上仍然没有超出形式法治的基本架构。正因为此,西方另外一些学者从其他视角构想新型的法治模式,试图超越法治的传统思维模式。比如,20世纪70年代后期美国学者诺内特和塞尔兹尼克在他们的《转变中的法律与社会:迈向回应型法》一书中,按照法律与社会的关系的思路,从动态角度将法律分为"压制型法""自治型法""回应型法"。所谓"压制型法"是指屈从政治权力和推行强制道德为主要特征的前现代法律;而"自治型法"和"回应型法"则都属于现代法的类型,其中前者是指法律与政治权力分离的,它既有形式合理性的优点,同时又具有某些缺陷,而且随着社会的发展变化,其缺陷日益明显,如它的法条主义倾向导致法律思维脱离社会现实,规则排除了对目的和结果的考虑;带有现代官僚制政治的理性气质、程序中心主义倾向又加剧了程序正义与实质正义的紧张关系等。因此,他们认为,这种"自治型法"已不再适应社会现实,必须被"回应型法"所取代。所谓"回应型法"就是"作为回应各种社会需要的愿望的一种便利工具的法律"[②]。虽然西方国家的政治理论中实质法治并没有真正

[①] G. de Q. Walker, *The Rule of Law: Foundation of Constitutional Democracy*, Carlton: Melbourne University Press, 1988.它们是:1.法律对抗私人压制,即有法可依,避免无法或无政府状态;2.政府在法律之下;3.法具有确定性、一般性和平等性;4.法与社会价值相协调;5.司法对抗私人压制;6.政府执法必须依据法律原则;7.司法独立;8.独立的法律职业;9.自然正义、公正审判;10.法院易于接近;11.公正和诚实执法;12.对法治的态度:法治不是良好社会的完美原则,但无法治则无良好社会。——笔者注

[②] 诺内特、塞尔兹尼克:《转变中的法律与社会:迈向回应型法》,张志铭译,中国政法大学出版社2004年版,第15—20页。

取代形式法治,形式法治仍然是当代西方法治主体,他们所谓的"实质法治"只是对它的修正和补充而已。但这种从形式法治向实质法治的转变是值得肯定的。它表明,其法治文化由法律的工具合理性取向转向法律的价值合理性取向,也就是人的至尊性这种终极价值取向被放到了突出的地位。

(二)法治文化与法治教育价值取向的一致性

法治的文化底蕴在于价值。法律制度本身虽然是一种中立性的规则体系,但人们之所以认同、选择和信仰法律和法治,从根本上讲是因为法律和法治迎合和满足了社会主体——人的价值需求。近代以来,人们对法律与法治的信仰来自其自身存在的价值,如自由、公平、正义、人权等。而这些价值最核心的部分还在于它对公民权利的保护,在于它对于人的关怀。正因为此,才使人类对法律有一种归属感与依赖感,使法治文化成为人类文化的重要组成部分。

在当今时代,法律是构建有序社会最主要的手段,法治秩序已经成为现代国家治理的本质特征。美国法学家罗斯科·庞德(Roscoe Pound)明确指出:"在今日,法律秩序已经成为一种最重要的、最有效的社会控制形式。其他所有的社会控制方式,都从属于法律方式,并在后者的审察之下运作。"[①]凭借法律这种明确、普遍、稳定的社会规范,法治将人们的社会行为纳入法律的轨道和范围,使之具有确定性和可预测性,从而确立起一种法治的秩序;法治通过确定权利义务的范围和各自的边界,可以有效地避免纠纷的发生,保证各种社会活动能够有序进行;法治还通过它的"定纷止争"功能,有效地解决纠纷,促进社会安定有序。

实现社会公正、有序发展和实现个人自由全面发展是法治所追求的两个基本价值目标。现代法治文化所追求的既不是单一的社会发展目标,也不是单一的个人发展目标,而是这两者的有机统一。首先,法治文化追求社会的公正和有序发展,但这种公正和有序发展的目的在于推进个人的自由全面发展。实现社会公正、有序发展是人类社会共同的价值目标,也是社会主义法治的基本价值追求。人类实行法治是因为在法治条件下,人的价值更能得到充分的体现,人的潜能能得到充分的拓展,人的核心地位也更能凸显。因此,法治无论作为一种制度方式,还是作为信念存在,从根本上说都是对人类的一种关怀方式。在这种意义上,法治的精神就是一种人文精神,法治关怀就是对人自身命运与价值的关注。

---

① 罗斯科·庞德:《法律与道德》,陈林林译,中国政法大学出版社2003年版,第37页。

在法治建构中,人并非法的对立面,人永远是目的,法永远是人的方式和手段。党的十七大将实现社会的公平正义作为社会主义法治理念的重要内容,实际上反映了现代法治文化的基本价值追求。其次,法治文化追求实现个人自由全面发展,但这种个人自由全面发展绝不可能脱离社会的公正、有序发展而实现。个人的自由全面发展,绝不意味着人们可以超越历史和现实的条件,游离于社会及群体之外随心所欲地行动。"一个人的发展取决于和他直接或间接进行交往的其他一切人的发展;彼此发生关系的个人的世世代代是相互联系的,后代的肉体的存在是由他们的前代决定的,后代继承着前代积累起来的生产力和交往形式,这就决定了他们这一代的相互关系。……单个人的历史决不能脱离他以前的或同时代的个人的历史,而是由这种历史决定的。"①也就是说,个人只能在特定的历史与现实所允许的范围内发展自己,获得那个时代所允许的自由。当前,中国共产党正在团结带领全国各族人民全面建成社会主义现代化强国、实现第二个百年奋斗目标,以中国式现代化全面推进中华民族伟大复兴。习近平总书记在党的二十大中明确提出了坚持把实现人民对美好生活的向往作为现代化建设的出发点和落脚点,着力维护和促进社会公平正义的历史任务。社会公平正义的实现有赖于法治,法治为社会公平正义提供了统一的行使强制力的程序和标准,从而使一个社会获得普遍的公平正义成为可能。法治运用利益平衡机制促进社会公平正义的实现,利用权力制约机制促进社会公平正义的实现,通过保证立法公正和司法公正实现公平正义。法治,无论是作为治国方式,还是依法办事的原则,最终都要表现为法律秩序。法治是构建有序社会最主要的手段,凭借法律这种公共权威的普遍、明确、稳定的社会规范,使每个社会成员或社会组织都受法律的约束,使其行为和活动都纳入法治的轨道和范围,来保证各种社会活动正常有序进行。法律的功能和使命就是通过有效地防止纠纷、解决纠纷来形成和维持秩序,运用宏观调控的法律机制,来促进社会安定有序。法治确定权利义务界限,有效地预防纠纷的发生;法治通过各种经济利益关系,实现市场主体之间的和谐,维护市场经济秩序。可见,法律不应当是冷酷无情的,在严肃庄重的条文背后应当包含着对人的终极关怀、贯穿着人文精神、融注着人性化的情感。

法治文化的生命力在于其价值,在于其体现出的对人的尊重和关怀。法治文化追求人的至尊与法的至上的有机统一,它一方面要让人在具体的历史、社会

---

① 《马克思恩格斯全集》(第3卷),人民出版社1960年版,第515页。

条件下将自己的创造性潜能释放出来；另一方面，它要让社会开拓出更适宜发挥个体创造性潜能的氛围。说到底，法治文化所要追求的是使人能在一个和谐有序的社会环境中得到自由全面发展。

教育的目的在于培养人，但受一定的社会历史条件的制约及人们认识上的差异，在"培养什么人""怎样培养人"的问题上，不同教育的利益追求和价值取向是不同的。历史上，教育目的就出现过的"社会本位论"和"个人本位论"之争。前者强调教育活动的根本目的应该是培养国家和社会所需要的人才，是使受教育者社会化，以便为国家的政治、经济、文化等社会事业服务，并保证社会生活的稳定性和延续性。显然，"社会本位论"的一个显著特点就是在价值取向上的"社会适应论"。而后者强调从个人发展出发来规定教育目的，认为教育应当把促进人的个性发展作为目的。这种教育目的在价值取向上，突出体现在"儿童适应论"上，即认为作为教育者的教师和作为教育过程的教育要适应受教育者尤其是儿童的身心发展特点和发展规律进行教育，作为整体的教育要适应儿童，以儿童为中心来厘定教育目的、取舍教育内容、确定教育课程、选择教育方法、实施教育评价。但是，无论是"社会本位论"还是"个人本位论"，无论是社会价值取向还是个人价值取向，都把自己的出发点和立场推向极端而排斥了另一方面的合理性，因而都没有从根本上解决教育的价值取向问题。实践证明，这两种价值取向都属于"适应论"范畴，都有其片面性，它们都把教育作为一种现成的活动，其价值是作为一种满足社会或个人需要的工具出现的，在这种"适应论"工具理念指导下，教育本身的特殊性被忽视了。

根据马克思主义的观点，"人的本质不是单个人所固有的抽象物，在其现实性上，它是一切社会关系的总和"①。因此，作为对人而言才有意义的价值问题，必须通过个人与社会的关系，包括个人与他人、个人与集体的关系来审视。每个人都是特定社会发展阶段和社会关系中的人。社会是由具体的人构成的，社会发展终究是通过人的活动推动的，这种活动也就是价值追求的运动过程。作为主体的人，一方面每个人的需要结构和满足体验都各不相同，因而都具有自己独特的价值目标和价值追求途径；另一方面，任何人都处于一定的社会中，并在社会价值目标的影响下去追求和实现自己的个人价值。当然，我们还必须认识到社会价值与个人价值两者的地位和意义并不是等同、并列的。社会价值具有整

---

① 《马克思恩格斯选集》(第1卷)第2版，人民出版社1995年版，第60页。

体性、长期性和历史性,而个人价值则具有个体性和现时性,由此就决定了社会价值的第一性地位和个人价值的第二性地位。但是,两者不是截然分开的,从本质上看在价值主体上是统一的,都是实际从事社会活动的具有社会性的人。社会发展既是客观历史演进的过程,又是人的价值实现的过程,是合规律性与和目的性的统一。社会的发展程度最终是通过人的发展程度来衡量的。同时,社会价值与个人价值是以人为中心载体发生相互作用的,社会价值通过无数的个人价值追求活动实现,而社会价值的实现又能为个人价值的实现奠定基础和提供条件。社会价值与个人价值这种辩证统一关系,决定了社会实践中不能片面地追求社会价值或个人价值,而应该在两者的统一中实现社会的进步和人的自由发展。因此,就教育活动来说,实现社会价值与个人价值统一的"统一论"是马克思主义的基本观点,代表着先进的教育价值取向。

现代法治教育的价值存在于主体对法治的需要与满足。法治教育主体从广义上说包括了个人和社会两个基本主体。在法治社会里,法律已成为社会生活的主要秩序规范,这就决定了个人和社会对法治教育的需求的必然性。就个人来说,掌握现代基本的法律知识、树立现代法律意识和法治观念,具有较高的法治素养是个人发展自我、完善自我的需要;就社会这一主体来说,维护法律秩序的、拥有法治人格的公民和支撑完善法律制度的法律文化是法治社会的迫切要求。个人和社会的诸种法律需求也是对法治教育的需求。法治教育价值的基本表现方式就是法治教育对个人和社会主体发展需要的一定满足。法治教育满足个人主体的需要而体现出来的是它的个人价值;法治教育满足社会主体需要而体现出来的是它的社会价值。而根据教育的社会价值与个人价值统一的"统一论"观点,法治教育同样必须以实现其社会价值与个人价值的统一为其基本价值诉求,否则,它必然会陷入"适应论"工具价值取向。

综上所述,与法治文化的契合是现代法治教育的最基本特征之一。大学生法治教育不能脱离法治文化的价值指引,否则它将难于有效地满足教育主体(无论是个人还是社会)的法治需要,最终无法实现其应有的价值。由此出发,大学生法治教育价值取向的变革就是要使其建立在与法治文化良性互动的基础上,其根本的价值诉求是要超越"适应论"工具主义价值观,实现社会价值与个体价值统一,使大学生形成法治的生活方式。

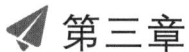
第三章
历史嬗变：大学生法治教育价值取向回顾

研究社会问题,"必须从历史上把它的全部发展过程加以考察"①。从法治文化与大学生法治教育的互动关系研究大学生法治教育的价值取向变革,也必须从考察大学生法治教育发展的历史开始。只有对法治文化与大学生法治教育的互动过程进行历史解读,梳理其价值取向的嬗变,才能感受大学生法治教育变革与时代的紧密关联性,感受大学生法治教育价值取向合理性对大学生法治教育改革与发展的重要性。纵观我国大学生法治教育发展的历程,可以发现,大学生法治教育的发展历程与法治文化在我国的发展及法治教育对法治文化的领会与吸收程度是相一致的。同时,从历程中也可以看出大学生法治教育价值取向的演变过程——从原先单纯适应政治、经济发展需要的工具主义取向逐步转向突出人的主体地位,回归"人的发展"需要的方向上来。

第一节 大学生法治教育发展的基本历程

一、大学生法治教育的初步探索

（一）近代中国学校法治教育的源起

大学生法治教育属于学校法治教育的范畴。因此,对法治文化与大学生法治教育的互动过程进行历史解读首先必须从学校法治教育源起的认识开始。

---

① 《列宁选集》(第4卷),人民出版社1996年版,第44页。

近代中国学校法治教育始于清末废除传统科举制度，兴办近代学校后。根据 1904 年出台的《奏定学堂章程》（也称癸卯学制）的规定，在中学堂开设"修身""读经讲经""法治与理财"等德育性质的课程。其中的"法治与理财"课程，其教学目的和主要内容是"讲法治与理财者，当就法治及理财所关之事宜，教以国民生活所必须之知识，据现在的法律制度讲明其大概，及国家财政、民间财用之要略"①。后中学堂课程分为文科和实科后，也都开设了每周一课时的"法治理财"科。② 至于大学堂包括法政学堂和一些综合性大学的法律系科都不是针对所有大学生的"法治教育"，而是法学专门教育或在职文官的法律培训。因此，中国学校法治教育一开始基本上安排在中小学堂进行，而大学堂则主要安排专门的法学教育。

民国初年，学校法治教育基本上继承了清末的新学制，学校法治教育的重心仍然放在中小学校，大学的"法学教育"更直接与法律职业结合。比如，北洋军阀统治时期，法政学堂毕业的学生，可以免试取得法官、律师资格。③ 20 世纪二三十年代，国民政府在初高中皆开设了公民课程，法治教育成为包括初中高中在内的中学教育的必修课程。比如各中等学校，初中开设"公民科"课，教学目标包括"了解宪政的精神""培养法律的常识"④。高中公民课程的教育目的则包括"使学生明了政治制度、宪法运用、法律常识，以及中国国民党之政纲、政策，以及培养其使用民权之能力"⑤。

可见，近代中国的学校法治教育呈现出以下两个特征：一是基本上放在大学以下的中小学层次进行；二是一开始就没有作为独立学科而是作为德育课程的一部分开设的。大学主要进行法律专业的法学教育。法学教育的目标是培养法律专业高级人才，同时也培养公务员。换句话说，近代中国高校只有专门型的"法律教育"或"法学教育"而没有"法治教育"，中国高校大学生法治教育是中华人民共和国成立后才真正开始的。

（二）改革开放前大学生法治教育的初步探索

我国的大学生法治教育奠基于中华人民共和国成立初期，是在探索法治建

---

① 章开沅等：《中国近代史上的官绅商学》，湖北人民出版社 2000 年版，第 511 页。
② 钟启泉：《学科教学论基础》，华东师范大学出版社 2001 年版，第 78 页。
③ 汤能松等：《探索的轨迹——中国法律教育发展史略》，法律出版社 1995 年版，第 221—222 页。
④ 张志建：《思想政治学科教育研究》，安徽教育出版社 2004 年版，第 90 页。
⑤ 张志建：《思想政治学科教育研究》，安徽教育出版社 2004 年版，第 94—95 页。

设的进程中初步确立起来的。

中华人民共和国成立初期,除了巩固人民民主专政政权、保卫人民民主革命的胜利成果外,新生的人民政权所面临的最主要任务就是要彻底废除国民党政权留下的旧法律、旧制度和旧秩序,迅速建立新的制度和新的秩序。因此,中共中央在中华人民共和国成立前夕发布指示,决定彻底废除国民党政权留下的"六法全书"和一切反动法律,以新的法律取而代之,这种新的法律必须"是劳动人民自己制定的。它是维护革命秩序,保护劳动人民利益,保护社会主义经济基础,保护生产力的"①。根据这一重要思想所指明的方向,1949年9月召开的中国人民政治协商会议第一届全体会议通过了起到临时宪法作用的《中国人民政治协商会议共同纲领》(以下简称《共同纲领》)。该纲领彻底摧毁了国民党政权的旧法统,为中华人民共和国的社会主义法治建设清除了障碍。随着1954年中华人民共和国第一部社会主义宪法的颁布,国家的各项政治制度、经济制度以及立法、执法、司法体制被确立起来。在这之后的短短两三年中国家迅速制定颁布了近1 000件法律、法令和法规,同时抓紧起草刑法、民法、民事诉讼法、刑事诉讼法等基本法律,努力构建中国社会主义法律体系的基本框架。②

与此同时,人民政府对学校教育进行了彻底改造,法治教育受到高度的重视。就高校来说,在专门的法学教育迅速建立和发展的同时,面向普通在校大学生(主要是非法律专业大学生)的"法制教育"也受到了较高的重视。从中华人民共和国成立到1957年,大学生法治教育主要是学习《共同纲领》和《中华人民共和国宪法》(以下简称《宪法》)。尤其是1954年《中华人民共和国宪法》正式颁布后,高校中开展了《宪法》的学习和宣传活动,使大学生接受社会主义民主和法制教育,培养他们的民主法制观念。可见,在这一阶段,社会主义法治建设的主要任务是除旧布新,较快地构建起中国社会主义法律体系的初步框架。在法律专业教育上,移植了苏联的模式;而在大学生法治教育上,实现了从无到有的突破,但还只能算是法治教育的"启蒙",只是个初步探索。

1957年下半年"反右"运动扩大化后,党的指导思想开始出现严重的偏差,出现了一股全面否定法治的思潮,"这股思潮既片面否定资本主义上升时期具有

---

① 《毛泽东文集》(第7卷),人民出版社1999年版,第197页。
② 曹康泰:《新中国60年法治建设的探索与发展》,《求是》2009年第14期,第32—33页。

历史进步和借鉴意义的法律制度和思想,又断然否定法律在社会主义社会的重要作用"①。正是在这种思想下,一部分人开始对中华人民共和国成立后法治建设上取得的初步成果进行全盘否定,认为"刑法、民法、诉讼法,根据我国实际情况看来,已经没有必要制定了"②。从此,法律虚无主义开始盛行,处于初创阶段的法治建设进程被打断,同样处于初创阶段的大学生法治教育也陷于停滞状态。尽管1961年根据《中华人民共和国教育部直属高等学校暂行工作条例(草案)》和1963年全国政法教育工作会议纠正了1957年以后的一些错误做法,但是大学生法治教育很长时间内没能再有机会振作发展。在长达十年的"文化大革命"中,国家法治遭受严重破坏,其结果之一就是高校中专门的法律教育急剧下滑,而面向全体大学生的法治教育基本被取消了。一直到"文化大革命"结束,无论高校思想政治理论课如何变动,法治教育都不再是其组成部分,大学生法治教育停滞了二十多年。

可见,从中华人民共和国成立到1978年党的十一届三中全会召开前,这一历史时期我国大学生法治教育从无到有,经历了奠基和初创及之后的严重挫折,其背后的原因值得认真反思与总结。

二、大学生法治教育的恢复与发展

改革开放的头20年,即1979—1999年,党和国家的工作重心由"阶级斗争为纲"向"经济建设为中心"转移。吸取"文化大革命"忽视法治建设的沉痛教训,法治建设、学校法治教育包括大学生法治教育重新受到关注和重视。这一时期,同其他各方面工作一样,大学生法治教育围绕经济建设这个中心工作,完成了恢复并得到了较快的发展。

1978年12月,党的十一届三中全会实现了党和国家工作重心的转移。这次会议明确提出了社会主义法治建设的历史任务是"加强社会主义民主,健全社会主义法制",同时确立了我国社会主义法治建设方针是"有法可依、有法必依、执法必严、违法必究"。邓小平在《解放思想,实事求是,团结一致向前看》中明确指出:"为了保障人民民主,必须加强法制。必须使民主制度化、法律化,使这种制度和法律不因领导人的改变而改变,不因领导人的看法和注意力的改变而改

---

① 陈景良:《当代中国法律思想史》,河南大学出版社1999年版,第175—176页。
② 转引自郑谦等:《当代中国政治体制发展概要》,中共党史资料出版社1988年版,第99页。

变。"①在短短几年里,我们在纠正"文化大革命"造成的大量冤假错案的同时,对长期存在的不重视乃至否定民主法治的思潮进行了拨乱反正,尤其批判了以言代法、以权压法的封建残余思想和法律虚无主义。而大学生法治教育真正得以恢复的标志则是以"一五"普法为契机而在各高校普遍开设的"法律基础"课。根据"一五"普法规划,要求从 1986 年起,争取用 5 年左右的时间,有计划、有步骤地向一切有受教育能力的公民普及法律常识,并明确将领导干部和青少年作为普法教育的重点对象。1985 年 10 月 4 日,中共中央颁发《关于进一步加强青少年教育预防青少年违法犯罪的通知》,明确要求结合"一五"普法,大力加强对青少年的理想、道德、纪律和法制教育,大力普及法律常识,使青少年养成遵纪守法的良好习惯,并提出了"小学高年级和中学、大学要开设不同层次的法制教育课"的任务②。随之实施的高校思想政治理论课"85 方案"(1985 年 8 月,《中共中央关于改革学校思想品德和政治理论课程教学的通知》,简称"85 方案"),强调"法律基础知识是大学生必须掌握的","法律基础"课是大学生的必修课。③ 这表明,随着法治建设的深入,人们逐渐认识到,高校培养的人才决不应该是"法盲",应当具有法律意识,才能适应社会主义现代化建设的要求,应该从培养目标的高度认识高校开展法律教育的重要性和必要性。邓小平同志在 1986 年的一次讲话中明确指出:"从党的十一届三中全会以后就开始抓法制,没有法制不行。法制观念与人们的文化素质有关。"④所以,加强法制重要的是进行教育,根本问题是教育人。

从 1978 年提出要对学生进行"社会主义法制教育"到 1986 年"法律基础"课的独立设置,这一阶段,大学生法治教育的主要特点是:从作为"共产主义思想品德"课开启,在内容上注重法律常识教育,尤其注重实体法的教育。虽然也涉及一些法的基本理论如法的本质、起源、作用等,但内容大多还是介绍有关纪律、法制、权利、义务等概念性和普及性的知识;在途径上以课堂外的自我教育和社会教育为主,课堂教育还具有随意性、非正规性的特点。不少高校基本是以开法制教育讲座的形式,使其进入高校主课堂的。在管理上主要由宣传部门负责法

---

① 《邓小平文选》(第 2 卷),人民出版社 1994 年版,第 146 页。
② 教育部思想政治工作司:《加强和改进大学生思想政治教育重要文献选编(1978—2008)》,中国人民大学出版社 2008 年版,第 58—63 页。
③ 教育部思想政治工作司:《加强和改进大学生思想政治教育重要文献选编(1978—2008)》,中国人民大学出版社 2008 年版,第 122—124 页。
④ 《邓小平文选》(第 3 卷),人民出版社 1993 年版,第 163 页。

治宣传教育工作的落实,教学部门居于从属和辅助地位。① "85方案"实施后,随着改革开放的深入,大学生法治教育得到快速发展。1990年开始实施的"二五"普法规划,其普法的主要内容以宪法为核心,以专业法为重点,强调各部门、各单位要有计划、有步骤、分层次地学习和熟悉与本部门、本单位工作密切相关的专业法律知识。青年学生尤其是大学生仍然是这次普法的重点对象,不仅如此,"二五"普法规划还把大、中、小学的法治教育提高到培养新一代社会主义接班人的高度,要求在大、中、小学及各级各类学校开设法制教育必修课。中共中央组织部、中共中央宣传部、国家教委于1993年8月13日联合发布《关于新形势下加强和改进高等学校党的建设和思想政治工作的若干意见》,将"法律基础"在内的马克思主义理论课和思想政治教育课(简称"两课")定位为"学生思想政治教育的主渠道,是社会主义学校的本质特征之一"。② 在1995年国家教委颁布的《中国普通高等学校德育大纲(试行)》中,有关德育目标的具体规格要求中明确了"树立社会主义民主法制观念,自觉维护和遵守中华人民共和国宪法和法律;正确行使法律所赋予的民主权利,自觉履行法律所规定的义务,知法、守法、用法,维护学校和社会稳定",并明确将"民主、法制教育"作为德育的内容。③ 1996年开始实施的"三五"普法规划,提出了培育全体公民的宪法观念和法律意识,树立法律权威,全面推进各项事业治理的法治化的任务,并明确提出"青少年的法制教育要常抓不懈。"1998年6月,中共中央宣传部、教育部印发《关于普通高等学校"两课"课程设置的规定及其实施工作的意见》(简称"98"方案),"法律基础"仍作为大学生的公共必修课开设,并将"法律基础"与"思想道德修养"列入大学生思想品德课的范畴。"法律基础"课的基本内容是"进行社会主义法制教育,帮助学生掌握马克思主义法学的基本观点,了解宪法和有关专门法的基本精神和规定,增强学生的社会主义法制观念和法律意识"。④

1997年,党的十五大第一次把"依法治国,建设社会主义法治国家"作为治国方略确定下来。1999年3月,第九届全国人民代表大会第二次会议通过的宪

---

① 宋婷:《回溯与反思:新中国成立以来高校法制教育历程研究》,南开大学出版社2014年版,第101—104页。
② 宋婷:《回溯与反思:新中国成立以来高校法制教育历程研究》,南开大学出版社2014年版,第183页。
③ 教育部思想政治工作司:《加强和改进大学生思想政治教育重要文献选编(1978—2008)》,中国人民大学出版社2008年版,第218—219页。
④ 教育部思想政治工作司:《加强和改进大学生思想政治教育重要文献选编(1978—2008)》,中国人民大学出版社2008年版,第255页。

法修正案,正式将"依法治国,建设社会主义法治国家"写入宪法,使之进一步上升为国家意志。由此,我国的社会主义法治建设由建设"法制"社会发展到建设"法治"社会的新阶段,大学生法治教育也随之由"法制教育"向"法治教育"过渡。

可见,从1979到1999年这一时期,被"文化大革命"破坏的法治教育包括大学生法治教育全面重建,并逐步走上正轨,步入发展期。

三、大学生法治教育的全面推进

进入21世纪以来,以党的十八届四中全会召开为分界,大学生法治教育经历了从"法制教育"向"法治教育"、由稳步发展到全面推进的新时期。

2001年4月26日,中共中央、国务院转发了《中央宣传部、司法部关于在公民中开展法制宣传教育的第四个五年规划》的通知,进一步指出:深入开展社会主义法制宣传教育,提高全体公民首先是各级领导干部的法律意识和法律素质,是贯彻落实依法治国、建设社会主义法治国家基本方略的重要内容。强调要以提高全民法律素质和全社会法治化管理水平为目标,把全民的法制宣传和各地区、各部门、各单位的依法治理工作不断推向前进。为了贯彻落实全国"四五"普法规划,推动新形势下青少年学生法制教育工作的深入发展,2002年10月,教育部、司法部、中央综治办、团中央在北京召开了全国青少年学生法制教育电视电话会议,会议强调青少年法律素质的提高是提高全民族素质的关键,更是素质教育中的重要内容,必须把对青少年学生的法律素质的教育和培养,放在事关实现我国社会主义现代化建设战略目标的基础性地位,放到教育工作的重要位置,使之成为当前教育工作的紧迫任务。并明确,学校要在青少年学生法制教育中发挥基础性和主渠道的作用,全面提高青少年学生的法律素质,要把青少年学生的法律素质作为素质教育的重要内容,纳入教育的整体规划和学校工作的重要议事日程,切实抓紧抓好。2004年8月26日,中共中央、国务院发布的《中共中央国务院关于进一步加强和改进大学生思想政治教育的意见》,将"加强民主法制教育,增强遵纪守法观念"列入"以大学生全面发展为目标,深入进行素质教育"的范畴。2005年2月7日,中共中央宣传部、教育部印发的《中共中央宣传部 教育部关于进一步加强和改进高等学校思想政治理论课的意见》(简称"05方案")中,"法律基础"课与"思想道德修养"课整合为"思想道德修养与法律基础"课,并明确了4门必修课的基本内容和任务。"05方案"实施后的十多年里,高校大学生法治教育在主渠道——"思想道德修养与法律基础"课程下从教学目标到教学内容、教学方法都不断完善和改进,稳步向前发展。2006年开始实施的"五五"普法规划中,提出进一步提高全民法律意识和法律素质要求的同时,针对不同对象法律素质的提高作出了不同要求。2011年实施的"六五"普法规划,将法制教育的主要目标进一步明确为:进一步坚定法治建设的中国特色社会主义方向,提高全民法律意识和法律素质,提高全社会法治化管理水平,促进社会主义法治文化建设,推动形成自觉学法守法用法的社会环境。

  2014年党的十八届四中全会审议通过的《中共中央关于全面推进依法治国若干重大问题的决定》提出"法律的权威源自人民的内心拥护和真诚信仰",并明确要求"把法治教育纳入国民教育体系,从青少年抓起,在中小学设立法治知识课程",从而在中央的正式文件中首次用"法治教育"概念取代以往使用过的"法制教育"概念。在此之后,在国家总体规划和指导的基础上,按照不同年龄阶段学生的不同特点和需要,各级各类学校根据学校的实际情况,制定了相应的教学目标和教学内容。2016年1月,教育部制定发布了《依法治教实施纲要(2016—2020年)》,提出了"全面加强学生法治教育。要把加强青少年学生法治教育、培养学生法治观念,放在教育工作的突出位置"。在全面推进依法治国、依法治教的背景下,2016年6月,教育部、司法部、全国普法办印发《青少年法治教育大纲》,提出了法治教育的总体目标和总体内容,并对义务教育、高中教育和高等教育等不同学段的法治教育阶段目标、教学内容与要求作了细化。《青少年法治教育大纲》的印发,为进一步明确大学生法治教育的目标和大学生法治教育内容的优化提供了有力的政策支撑。《青少年法治教育大纲》颁布和实施后,大学生法治教育步入全面推进的新阶段。着眼于全面提升大学生的法治素养,大学生法治教育在内容的选择上,内容结构体系的构成逐步走向多元化,逻辑也更加严谨;同时在法治素养培育方式上,呈现出法治教育与网络多媒体结合、法治教育与思想政治教育相融合等新特点。

第二节　大学生法治教育价值取向的历史嬗变

一、从服从"政治挂帅"需要到围绕"经济建设为中心"的转变

  改革开放前后,我国大学生法治教育在价值取向上经历了一个从服从"政治

挂帅"需要到围绕"经济建设为中心"的转变。

改革开放前，在中华人民共和国成立初期得以初步确立的大学生法治教育一度保持发展的势头，但在之后的二十多年里陷于停滞状态，究其原因是与我国当时的经济、政治体制分不开的。中华人民共和国成立后，我国在经济上实行了高度集中的计划经济体制，政治上一度极"左"思潮泛滥，特别是"文化大革命"中以"阶级斗争为纲"，社会秩序基本上依靠行政控制，除个别时期外，法律、法治教育基本不被重视。其实，在中华人民共和国成立初期，伴随着一场又一场的政治运动，初创中的大学生法治教育就已遭受到政治运动的严重干扰和破坏，被当作为推动政治运动的一种手段和方法，在教育目标上更多的是强调其政治价值。之后，从1957年到"文化大革命"结束，法治教育包括大学生法治教育日益衰落直至最后被彻底取消。在一切"政治挂帅"下的政治、经济、文化条件都难以提供个体人格健康发育的社会政治环境，法治理念并未进入社会生活和思想领域，法治教育也未能在当时的教育体系中与宏观政策中有明确体现。可见，改革开放之前，我国大学生法治教育基本上是以服从政治需要为主，甚至服从于"以阶级斗争为纲"的。在价值取向上，这一时期的大学生"法制教育"受当时"法律为政治服务"的指导思想影响，基本上是以政治价值取向为主，阶级意识具有非常强烈的时代特征。

改革开放以来，伴随着我国改革的不断深入和开放水平的不断提高，社会法治大环境得到持续改善，大学生法治教育在课程设置上取得了与"思想道德修养"并立的地位。在内容上，从"85方案"的法律常识教育逐步转向"98方案"的法律意识教育，开始实体法与程序法并重。比如，1998年《法律基础教学大纲》规定了大学生法治教育的具体内容除了法制基本理论和邓小平民主与法制理论外，主要是介绍从宪法、刑法、民法一直到诉讼法等各部门法律制度。在途径上，大学生法治教育进入了正规化的课堂教育阶段，呈现课堂教学为主、课内外结合的特点。这一阶段，全国绝大多数高校按照国家教育主管部门的要求开设了独立的"法律基础"课程，同时又结合"中国社会主义建设"这门马克思主义政治理论课专门讲授"社会主义民主与法制"。而在课外，不少高校积极开拓各种辅助教学平台，作为课堂法治教育的补充。在管理上，大学生法治教育主要由学校教务部门负责教学计划及落实，由教学部门（如"马列教学部""社会科学部"等）负责组织实施教学活动。但是，值得指出的是，这一阶段人们的认识尚未真正由"法制"上升到"法治"，相应地，大学生的"法制教育"基本上是在贯彻全社会普法教育的背景下展开的，强调的是知法、守法，属于普法教育的范畴，远未提升到法治文化的高度。所以,与中国民主法治建设的进程相适应,大学生法治教育在宏观上其价值取向基本上是服从和服务于改革开放大局和经济建设这个中心工作展开的。

二、从"文本"式向"人本"式的转变

(一)"文本"式法治教育的特点

长期以来,由于受法律工具主义价值观的影响,我国大学生法治教育逐步形成了以知识、条文为中心的"文本"式教育模式。这种"文本"式教育模式的特点:一是注重法律知识传授,轻视法治理念的培育。传统法治教育侧重于法律基本常识的传授,目的是让学生掌握法律基础知识,对社会主义法律制度有个初步的认知,以增强学生的自觉遵纪守法的意识。在这样的教育价值观下,法治教育的内容选择是从文本出发的,以法律知识为核心,强调和追求法律知识体系的系统性和全面性。在"05方案"实施之前的"法律基础"课程的内容体系,虽然并没有统一编写的教材,但在统一教学大纲的安排下,大部分高校"法律基础"课教材内容都大同小异,只是在体例、归类等方面有所区别,大体都包括了法学的基础理论如法的概念、本质和法的产生、发展、历史类型等基本原理,以及我国现行的基本法律制度如宪法、刑法、民法、行政法、经济法和国际法的相关内容。内容不可谓不全面、不丰富,体系不可谓不完整、不系统,但在对应的有限的课时(按"05方案"3学分的课程设置及教材篇章内容比例,法律部分大多在10学时左右,有的高校甚至低于10学时),试图使非法律专业学生具有全面的法律知识既无可能也无必要。二是注重义务和服从,轻视权利保障与维护。传统的"法制教育"以守法教育为目的的指导思想导致其在教育内容上更多地侧重义务本位,注重义务的服从,而轻视权利保障和权利维护的权利和权利本位教育。向学生灌输的是"法律是行为规则,是专门用于约束人的行为的",法律即意味着义务。这致使学生与法律保持距离,促成他们消极守法。三是注重实体法学习,轻视程序法教育。事实上,没有程序也就没有法律,"缺乏程序要件的法治是难以运行的,硬要强行推定,则极易与古代法家的严刑峻法同构化。其结果往往是治法存,法治亡"①。因此,程序理应是我国社会主义法治建设乃至社会发展的一个重点。而

---

① 季卫东:《法律程序的意义——对中国法制建设的另一种思考》,《中国社会科学》1993年第1期,第85页。

在传统"法制教育"中,只偏重实体法的教育,程序法被视为实现实体法的工具,其结果是导致大学生的法律程序意识普遍弱化,在生活实践中当发生纠纷时往往不知所措,不愿依照法定程序来处理,更多的是通过"私了"等非正规途径来解决。采取这种"文本"式的教育模式,很大程度上是与全国性的普法教育相联系的。纵观改革开放以来到2001年第四个五年普法规划的启动,普法教育在普法目标、任务乃至普法对象的要求上,强调的都是法律知识的普及,突出的都是法律条文的学习。当然,采取这种"文本"式的教育模式也与我国大学生法治教育在探索和发展过程中沿袭专业法学教育的模式和教育内容有关。这种沿袭专业法学教育的做法,对处于创立探索中的大学生法治教育有其合理的一面,客观上也大大加速了大学生法治教育的展开。但随着我国全面依法治国的推进,这种"文本"式的大学生法治教育模式与国家和社会对大学生法治素养的要求越来越不相适应。

(二) 向"人本"式法治教育的转型

为了摆脱这种"文本"式教育模式,进入21世纪以来特别是思政课"05方案"实施以来,我国无论是从教育目标、教育内容,还是从教育途径和教育方法等各方面都进行了各种有益的探索,在向"人本"式法治教育的转变上,取得了较大的进展。进入21世纪后,素质教育得到越来越多的重视,提高青少年的法律素质被提高到"提高全民族素质的关键"的地位。思想政治理论课"05方案"则明确将"加强民主法制教育,增强遵纪守法观念"列入"以大学生全面发展为目标,深入进行素质教育"的范畴。[①]

从法治化角度讲,人的现代化就是提升人的法治素养,形成法治人格。这既是社会发展的要求,也是人自身发展的需要。伴随着向素质教育的转变,大学生法治教育也开始由侧重知法、守法、偏重于"文本"的教育模式逐步转向用法、信法、护法、培养法治行为习惯的"人本"的教育模式发展。在"05方案"的实施过程中,由于人们对法治文化理解的深入,特别是依法治国基本方略的实施,法治理念在全社会开始得以树立和弘扬。大学生法治教育在价值取向上,也开始逐步回归到人,回归到人的本性和需要,开始转向"人本"。在这个转变过程中,法

---

① 教育部思想政治工作司:《加强和改进大学生思想政治教育重要文献选编(1978—2008)》,中国人民大学出版社2008年版,第378页。

治文化与大学生法治教育在价值取向上紧密地联系在了一起,产生了互动:一方面是贯彻法治文化的精神,在大学生法治教育的实践和效果上努力落到实处;另一方面是将国外先进的法治文化及中国传统法律文化的精华注入法治文化之中,丰富发展法治文化,实现建设中国特色社会主义法治文化的梦想。

但是,由于我国社会正处于急剧转型时期,加之长期以来的工具主义"适应论"价值观在大学生法治教育中的重大影响,要彻底摆脱"文本"式法治教育模式,确立"人本"式法治教育模式,依然任重道远。而这一点从深层次讲,就是大学生法治教育如何与法治文化建设贯通融合,如何引导大学生形成"法治"的生活方式的问题。

1999年"依法治国,建设社会主义法治国家"被写入国家的根本大法——宪法,标志着我国成功实现了治国理政模式的根本转变。"法治"取代"法制","法治国家"取代"法制国家",是一个历史性跨越。从此,"法治"具有了超越法律工具意义的深广意涵,中国社会主义法治建设正式步入"建设社会主义法治国家"的新阶段。"法治"取代"法制"的实质,从根本上讲就是赋予"法治"明确的价值指向(理念、目标、评价标准等),改变一直以来将法律仅仅看作工具的"人治"理念,改变一直以来将"法制建设"目标主要定位于"有法可依"和一直以来将法治教育的目标仅仅设定于"普及法律常识"的现状。说到底,是明确了法律、法治建设、法治教育之于人的价值意义。

进入21世纪以来,由于人们对法治文化理解的深入,国家确立了依法治国的基本方略,法治理念在全社会开始得以树立和弘扬。法治是现代社会的重要标志,法治化是现代化的重要内容。众所周知,现代化是人类社会由传统社会向现代社会转变的过程,这种转变不仅表现在经济上由农业社会向工业社会转变或者由农业文明向工业文明转变,还表现在政治上由人治社会向法治社会转变、由臣民社会向公民社会转变,思想文化上由一元向多元转变。这种转变从某种意义上讲就是人自身的转变。与此相适应,大学生法治教育也开始由侧重于知法、守法教育逐步转向用法、树立法治意识、培育法治素养的阶段。

大学生法治教育在价值取向上回归到人,回归到人的本性和需要,转向以人为本、以学生为本的方向上来,这无疑是一个重大的进步。在这个转变过程中,人们越来越认识到中国传统法文化对现代法治文化建设的羁绊,由此展开了对中国传统法文化的揭露、批判甚至是猛烈的抨击。与此同时,人们还对西方法治文化进行了大量的介绍、引进和吸收,西方法治文化成为某种意义上的显学,一度被大加推崇。但是,中国法治化的实践并没有如人们预期的那样,"两张皮"的现象到处呈现。这种法治文化氛围下的大学生法治教育同样也陷入了矛盾和困惑之中。由此,又提出了这样的问题:中国传统法文化中有没有值得今天法治文化建设吸取的营养?如果有,要不要这些营养?究竟如何对待国外主要是西方的法治文化?

第三节 大学生法治教育历史发展的启示

回顾中华人民共和国成立七十多年来大学生法治教育的发展历程,可以看到,大学生法治教育的发展是与整个国家的法治建设进程相一致的。1995年党的十五大提出"依法治国,建设法治国家"前,整个国家的法治建设强调的是单纯的"法制建设",相应地,大学生法治教育也处于"大学生法制教育"的阶段。这一阶段的"大学生法制教育"从一定意义上讲还只是大学生法治教育的初始形态。从1995年到2014年党的十八届四中全会审议通过《中共中央关于全面推进依法治国若干重大问题的决定》正式使用"法治教育",整个国家的法治建设逐步走向由"法制"建设向"法治"建设的过渡,大学生法治教育相应地也开启了由"大学生法制教育"向"大学生法治教育"过渡。这一阶段的大学生法治教育,虽然"大学生法制教育"和"大学生法治教育"两个概念并用,但明显朝着更多地使用"大学生法治教育"的方向发展。2014年以来,随着整个国家全面推进依法治国和建设社会主义法治国家进程的不断深入,大学生法治教育进入全面推进和深度变革发展的新阶段。总结大学生法治教育的发展历程,特别是揭示这一发展历程背后的价值取向的变革与演进,能给予我们当下的大学生法治教育实践多方面的教训和启示。

一、大学生法治教育要"目中有人"

(一)法治教育必须确立"以人为中心"的教育理念

根据马克思主义的观点:"人的本质不是单个人所固有的抽象物,在其现实性上,它是一切社会关系的总和。"[①]人是具体的、生活于现实生活中的人。人类

---

① 马克思:《关于费尔巴哈的提纲》,《马克思恩格斯文集》(第1卷),人民出版社2009年版,第501页。

一切活动的出发点和归宿是人自身的需要,可以说,人自身的需要是人从事一切活动的最终驱动因素。"法治""法治教育"是蕴含特定价值导向和价值理想的活动,这种活动只有符合社会大众的基本价值需求才能得到社会大众发自内心的认可并进而得到普遍的遵循。正如卢梭所言:"法律既不是铭刻在大理石上,也不是铭刻在铜表上,而是铭刻在公民们的内心里。"①

长期以来,我国法治教育从理论到教育模式在教育理念上始终强调的是"国家本位"。无论是服从"政治挂帅"需要,还是围绕"经济建设为中心"需要,法治教育都必须适应国家在不同时期的管制需要,实践中也更多地侧重于义务与禁令的宣传教育,更多地强调"约束"和"服从"。由此,在社会大众中形成这样一种片面的认识:法律是国家实行统治的手段,是国家管理社会的工具;法律只是强制性约束人的行为的准则,个人只是义务主体。所以,人们对国家自上而下进行的法治教育持有一种消极态度甚至逆反心理,加之长期以来的"法制教育"本身在教育内容上一味强调法律基本知识的传授和某些法律条文的讲解,缺少法治理念、法治精神层面的培育,其结果导致这种教育实效性大打折扣。所以,法治教育必须要"目中有人",确立以人为中心的教育理念,通过对公民法治知识的传授、法治意识的培育和法治能力的提高,促成公民法治素养的提升。这就意味着大学生法治教育从根本上摆脱法律工具主义和法律国家主义的束缚。法律的权威源自人民内心的拥护和真诚信仰,公民法治意识、法治精神的培育离不开以人为本的价值导向,这正是法治教育的根基所在,也是实现法治教育目的和提高法治教育有效性的根本途径。

(二) 大学生法治教育必须以大学生生活和需求为出发点

就大学生法治教育而言,"以人为中心"首先就是要在教育理念上树立以学生为主体、重视大学生在法治教育中的重要作用。大学生是社会成员中接受高等教育的群体,在一定意义上讲,大学生群体法治意识体现着整个社会的法治意识水平;同时,大学生这一群体是正在接受高等教育并将在未来社会生活中发挥主导作用的群体,他们拥有良好文化底蕴和知识素养,因此,他们的法治意识状况将影响着整个社会的法治意识状况。长期以来,与整个社会的"法制教育"相对应,高校的"大学生法制教育"在教育理念上强调的是适应国家的需要——从

---

① 卢梭:《社会契约论》,何兆武译,商务印书馆2003年版,第70页。

服从"政治挂帅"需要到围绕"经济建设为中心"需要,却忽视了大学生这个主体自身的需要,形成了外在于大学生主体的所谓"目中无人"的现象。转向"以人为中心"的大学生法治教育,必须改变这种"目中无人"的现象,回到教育的原点——育人上来。正如《教育规划纲要》所提出的那样,把"育人为本"作为教育工作的根本要求。就大学生法治教育而言,就是要在法治教育中突出大学生的主体地位,充分发挥大学生的主动性,把促进大学生的成长成才作为法治教育的出发点。

其次,大学生法治教育必须从大学生的生活和需求出发,更多地强调大学生的权利保障和利益要求的满足。所谓权利通常是指法律赋予人实现其利益的一种力量。法律赋予权利主体作为或不作为的许可、认定及保障。权利是权能与利益的统一体。大学生大多已年满18周岁,是成年人,具有完全的行为能力和责任能力,作为普通公民的一员,他们拥有宪法和法律规定的各项法律权利。同时,与普通公民不同,他们是学生,具有学生这个特殊的身份,因而他们拥有宪法、教育法、高等教育法等法律规定的各项受教育权利。近年来,高校有关大学生的权益纠纷日益增多,不仅已在高校校园中成为热点问题,也引起了社会的广泛关注与重视。这一方面体现了随着我国法治建设的进步,法治观念逐渐深入人心,另一方面也反映了依法治校,切实保障包括大学生之内的各教育法律关系主体的合法权益已成为现代大学建设及高素质人才培养之必要。

二、大学生法治教育要完善各阶段、各方面"良性互动"的教育机制

(一)法治教育是国家与公民间"互动"的过程

法治建设是一项国家、社会和公民个人共同参与的事业,这一事业需要多方面的合力来共同成就。法治教育也不例外,同样需要国家、社会和公民个人的共同参与、合力成就。长期以来,在我国法治教育的实践中,其动力源往往仅是国家和社会单方面的要求,缺少社会成员的积极主动参与,在很大程度上,法治教育演变成社会成员单向的被动接受模式。由于缺乏社会成员的参与、互动和反馈,单向灌输的"法制教育"使法治教育动力源匮乏,在很大程度上限制了法治教育的成效。著名法学家伯尔曼指出:"法律活动中更为广泛的公众参与乃是重新赋予法律以活力的重要途径。除非人们决定那是他们的法

律,否则就不会尊重法律。"① 在法治建设、法治教育的动力源上,不只有国家和社会的要求,更要有社会成员对国家治理理念和方式的认同和接受。因此,法治教育必须是国家与公民间良性互动的过程。

(二) 大学生法治教育必须构建全方位、全过程"良性互动"的教育机制

高校思想政治教育必须回答"培养什么人""怎样培养人"和"为谁培养人"这些根本问题,围绕"立德树人"的核心展开。大学生法治教育属于思想政治教育范畴,同样必须回答"培养什么人""怎样培养人"和"为谁培养人"这些根本问题,同样需要将"立德树人"贯穿于法治教育的全过程,实现全程育人、全方位育人。

大学生法治教育是一个系统工程,这个系统工程从高校本身的范围看涉及大学生在校学习期间的整个过程和高校工作的各个方面,而放到整个国家法治建设和整个社会法治教育看,涉及从小学、中学一直到大学整个学校法治教育系列和学校教育、家庭教育、社会教育多个方面。因此,需要建立循序渐进的法治教育机制并有效整合各方面法治教育资源,形成教育合力。

三、大学生法治教育要强化大学生法治信仰的生成

(一) 法治信仰是社会主义法治社会的重要特征

作为治国方略的法治,从精神层面看它是一种理念、一种文化,是一种把法律当作社会运行最高权威的观念和意识。

法治社会是一个全民信仰法治的社会,建设社会主义法治国家,必须培育人民的法治信仰。中共中央印发的《法治社会建设实施纲要(2020—2025 年)》中,明确提出要使法治成为社会共识和基本原则,并将社会主义法治社会的基本特征概括为"信仰法治、公平正义、保障权利、守法诚信、充满活力、和谐有序"六个方面,其中"信仰法治"是首要的方面。培育全社会的法治信仰,就是要引导全体社会成员做社会主义法治的忠实崇尚者、自觉遵守者和坚定捍卫者,让信仰法治成为社会风尚,成为推动法治及各项事业发展的强大力量。

在制度层面上,法治社会就是要建设中国特色社会主义法治体系,使社会生活的各个领域形成包括正式和非正式规则组成的完整而系统的中国特色社会规

---

① 伯尔曼:《法律与宗教》,梁治平译,中国政法大学出版社 2003 年版,第 35 页。

则体系,满足社会各领域管理与治理的需求。形成一整套完备的中国特色社会主义法律体系是培育公民法治信仰的重要前提,从某种意义上讲,公民的法治信仰正是在社会主义法治体系的完善过程中培育起来的。在社会群体心理层面上,就是要社会群体及成员对既有社会规则体系背后所蕴含的治理理念和精神予以认同。在社会秩序维持层面上,就是要社会主体能够切实有效地按照社会既定规则运行,相互之间形成自治与共治的分工协作。

(二)大学生法治教育必须强化大学生法治信仰的生成

大学生是我国法治社会建设的生力军,大学生信仰法治既是国家法治化建设的必然要求,同时在一定意义上也关系着法治社会建设的成败。法治教育是大学生掌握法治知识、培养法治意识、形成法治信仰的有效途径。由于受传统文化和现实法治环境等多方面因素的影响,当代大学生法治态度功利、法治观念迷茫和法治意识淡薄等问题仍然十分突出。

长期以来,受"法律工具主义"传统观念和自古以来中国社会存在的"厌讼""惧诉"心理及现实法治环境的影响,高校的"大学生法制教育"侧重于法律知识尤其是法律规范性知识的传授,忽视这些规范背后的精神和价值的认知与认同,因而难于促使大学生法治信仰的生成。法律规范性知识只是法治意识的前提和基础,传授法律规范性知识只是手段,树立法治意识并使大学生将法律知识内化为自身的一种法治观念、法治信仰,进而才可能转化为守法、用法、护法的行为。

法治信仰是主体对法律、法治主动的内化,如果不是从内心相信法律、法治能够切实维护和保障自己的合法权益并包含着对人的终极关怀,而只是因为畏惧法律背后的强制力,便不可能生成真正的法治信仰。因此,大学生法治教育必须强化大学生法治信仰的生成。为此,一方面必须唤醒大学生的主体性和权利意识,帮助大学生清晰认识自身的法律主体地位;另一方面必须契合大学生的精神需求和人文关怀,拓展法治教育的动力源,使大学生由被动接受法治教育转变为积极主动地参与法治教育和法治建设实践。

四、大学生法治教育要以提升大学生的法治素养为依归

(一)法治素养是法治教育的根本目标

党的十八届四中全会通过的《中共中央关于全面推进依法治国若干重大问

题的决定》中，首次正式将"法治素养"作为干部提拔任用的法治方面的标准，党的十九大报告中也使用"法治素养"，至此，之前在学界和宣传中共用的"法制素养""法律素养""法律素质"等概念正式被"法治素养"所取代，这表明"法治素养"已经被置于建设中国特色社会主义法治体系整体之中来认识。

"法治素养是人类法治文明的基础，是法治社会的土壤，是现代法治社会广大公民整体素质的一个重要组成部分。"① 公民法治素养是建设法治中国的基础，也是推进全面依法治国的力量源泉。公民法治素养的提升有赖于扎扎实实、循序渐进进行的法治教育。可以说，法治教育的根本目标就是要提升公民的法治素养。

根据《青少年法治教育大纲》，青少年法治教育的总体目标是"以社会主义核心价值观为引领，普及法治知识，养成守法意识，使青少年了解、掌握个人成长和参与社会生活必需的法律常识和制度、明晰行为规则，自觉遵法、守法；规范行为习惯，培育法治观念，增强青少年依法规范自身行为、分辨是非、运用法律方法维护自身权益、通过法律途径参与国家和社会生活的意识和能力；践行法治理念，树立法治信仰，引导青少年参与法治实践，形成对社会主义法治道路的价值认同、制度认同，成为社会主义法治的忠实崇尚者、自觉遵守者、坚定捍卫者。"这里包含了法治的"知识""意识""能力""信仰""行为"等多个方面的目标，综合起来就是青少年"法治素养"的提升。

（二）大学生法治教育要以提升大学生的法治素养为落脚点

高校思想政治教育的根本任务是"立德树人"，培养德智体美劳全面发展的社会主义事业建设者和可靠接班人。大学生法治教育是高校思想政治教育的重要组成部分，根据《青少年法治教育大纲》，高等教育阶段法治教育的目标是在中小学阶段积累的基础上，通过大学阶段系统的学习与实践，基本掌握公民常用法律知识，基本具备以法治思维和法治方式维护自身权利、参与社会公共事务、化解矛盾纠纷的能力，牢固树立法治观念，认识全面依法治国的重大意义，坚定走中国特色社会主义法治道路的理想和信念，这事实上就是要进一步提升大学生的法治素养。

大学生法治素养可以从多个不同的维度认识，比如杨忠明、杨强认为，

---

① 陈大文、孔鹏皓：《关于高校法制教育定位问题的思考》，《思想理论教育导刊》2013年第7期，第50页。

青年学生的法治素养,是由法律知识、法治认同和法律能力三个方面的内容所组成。① 齐琳琳认为,提升大学生法治素养主要包括"法治意识、法治思维、法治方式、法治精神"四个方面。② 高琳在其硕士学位论文中认为,"大学生的法治素养体现在法律知识、法治观念、尚法精神和用法能力"四个方面。③ 概括起来无非涉及有关法治知识等方面的法治认知、法治观念等方面的法治意识、法治思维等方面的法治能力和法治实践等方面的法治行为。以往的"大学生法制教育"往往侧重于有关法治知识尤其是法律规范性知识的认知方面,无论是教材内容体系还是教学和考核多围绕掌握法律知识的系统和多寡展开,以至于被认为是法律专业进行的"法律教育"或"法学教育"的"微缩版"。这对学时有限的非法律专业的大学生来说既不必要也无可能。虽然法治认知是大学生法治素养的基础,但大学生法治教育的落脚点不应放在法治认知上,而应该放在包括法治认知、法治意识、法治能力和法治行为在内的整个法治素养上。

综上所述,通过对大学生法治教育价值取向变迁的历史回顾,我们不仅感受到大学生法治教育价值取向的变迁是与时代紧密联系在一起的,同时也感受到大学生法治教育价值取向的合理性对大学生法治教育发展的重要影响。在当代背景下,我们需要关注大学生法治教育层面呈现出的新的发展特征与价值取向。

---

① 杨忠明、杨强:《青年学生法治素养提升的时代特征和实践路径探析》,《思想教育研究》2017 年第 11 期,第 111—114 页。
② 齐琳琳:《全面依法治国背景下大学生法治素养的提升》,《中国高等教育》2016 年第 Z2 期,第 71—73 页。
③ 高琳:《大学生法律素养研究——以天津市九所高校大学生为例》,硕士学位论文,沈阳农业大学,2018,第 12 页。

第四章
现状反思:大学生法治教育价值取向反思

大学生法治教育的发展虽然在根本上受制于一定时期的经济、政治并为一定时期的经济、政治服务,但是也不能忽视一定社会的法律文化对大学生法治教育的重要影响和制约作用。大学生法治教育与现代法律文化即法治文化是共生互适的,是在与法治文化的交互作用中发展的。从对我国大学生法治教育的历史解读中我们可以发现,我国大学生法治教育发展中的起起伏伏,是与法治文化在我国的发展状况及人们对其领会与吸收状况相联系的。在价值取向上,如果片面地强调适应政治、经济需要而忽视与法治文化的互动,法治教育将失去灵魂,也将难以取得期望的效果。高校思想政治教育"05方案"是进入21世纪以来我国高校思想政治教育改革的一项重大举措。至今,大学生法治教育在"05方案"下已实施近二十年,无论在教材建设、学科建设以及师资队伍建设,还是教学内容、教学方式方法的改革等方面都已取得了长足的进步。但是,从价值取向看,到底有了哪些调整?从某种意义上讲,对这一问题的探究既是对"05方案"实施效果的一种检验,也是当前我国大学生法治教育价值取向进一步调整和完善的现实基础。

第一节 "05方案"对大学生法治教育的推进

高校思想政治教育"05方案"实施以来,大学生法治教育日趋完善。从课堂教育看,大学生法治教育完成了从独立到并立再到与思想道德修养内容融合,实现功能互补、相辅相成的转变。除了课堂教育外,课外实践教学也越来越得到关注和重视。

一、教育目标定位于素质教育

"05方案"实施以来,思想政治教育在教育目标、内容、实施途径和方式等方面都已有了较大的改变,我国大学生法治教育的定位也逐渐清晰。

(一)定性为思想政治教育

关于大学生法治教育定性问题的讨论早在20世纪80年代中期就已开始,讨论的焦点在于大学生法治教育是否具有德育属性,是否要在德育课程之外专门设置独立的法治教育课程。"05方案"实施后,这一讨论的结果日渐明朗,大多数学者趋向将大学生法治教育置于高校德育的总体框架下,将其纳入高校思想政治教育范畴。

事实上,从党和国家的有关政策看,在"05方案"实施之前大学生法治教育就已经置于高校德育框架下,被纳入高校思想政治教育的范畴。比如1994年《中共中央关于进一步加强和改进学校德育工作的若干意见》将学校法制教育列入学校德育范畴。1995年,国家教委、司法部等部门联合发布的《关于加强学校法制教育的意见》中,明确:"学校法制教育是学校德育的重要内容,是对学生进行社会主义法制教育,培养学生树立社会主义法律意识,增强法制观念的重要途径,是实现依法治国的百年大计。"同年,在《国家教育委员会关于高校马克思主义理论课和思想品德课教学改革的若干意见》中,将"进行法制教育,增强学生的法制观念和法律意识"列入高校"两课"的主要内容中。在《中国普通高等学校德育大纲(试行)》中也将"树立社会主义民主法制观念。自觉维护和遵守中华人民共和国宪法和法律;正确行使法律所赋予的民主权利,自觉履行法律所规定的义务,知法、守法、用法,维护学校和社会稳定"列入德育目标具体规格要求中。之后,在高校有关法治教育的课程无论是否独立设置,法治教育都是作为高校思想政治教育的一个组成部分落实推进的。

"05方案"实施至今,大学生法治教育"无论从教材、师资,还是课时安排、实践教学,都已经完全融入了思想政治教育的背景之中,成为思想政治教育的重要组成部分。"①

---

① 宋婷:《回溯与反思:新中国成立以来高校法制教育历程研究》,南开大学出版社2014年版,第158页。

(二) 定位于素质教育

作为教育活动的终极指向的教育目标，大学生法治教育说到底也要回答"培养什么人、如何培养人"这个教育发展过程中必须解决好的根本性问题。法治教育的目标与高校德育目标一脉相承，根据国家教委 1995 年 11 月 23 日发布的《中国普通高等学校德育大纲（试行）》，高校德育的总体目标是要培养"德智体全面发展的社会主义建设者和接班人"。在高校德育总体框架下实施的大学生法治教育理所当然是为这个整体目标服务的，只不过其侧重于法律方面罢了。但是，大学生法治教育到底如何为这个整体目标服务，其具体教育目标是什么？

在过去很长一段时期内，与国家的法治建设进程相适应，普及法律基础知识和增强法律意识被作为大学生法治教育的主要目标。"05 方案"实施以来，大学生法治教育的教育目标开始明确定位于素质教育。这一方面是与全民法治教育即全国性的普法教育目标的演进相一致的。从我国各个阶段五年普法的目标演进看，"一五"普法的目标就是"普及法律常识"，属于法律的启蒙教育。从"二五"普法一直到"七五"普法，普法工作的目标由普及法律常识、提升法律意识逐步拓展到提高法律素质。2021 年 6 月公布的"八五"普法规划，提出了"提升公民法治素养"的要求，并明确了到 2025 年"公民法治素养显著提高"的目标。另一方面，也是与教育领域将学校教育定位于素质教育的认知相联系的。

随着素质教育的研究及深入，人们逐渐认识到，"法律素质是青少年学生综合素质的重要组成部分"[①]。高校思想政治教育"05 方案"设置的"思想道德修养与法律基础"课的基本内容和任务界定为"主要进行社会主义道德教育和法制教育，帮助学生增强社会主义法制观念，提高思想道德素质，解决成长成才过程中遇到的实际问题"。2011 年 11 月召开的全国教育系统法制宣传教育工作会议提出在"六五"普法期间，加强青少年法制教育，把提高广大师生的法律素质作为学校素质教育的重要目标。2014 年 10 月召开的党的十八届四中全会首次采用"法治教育"表述的同时，提出了"提高全民法治素养"的要求。这表明，我国大学生法治教育在具体目标上，已经由过去单纯的普法教育、守法教育真正转向了培

[①] 教育部思想政治工作司：《加强和改进大学生思想政治教育重要文献选编（1978—2008）》，中国人民大学出版社 2008 年版，第 271 页。

育大学生法律素质进而提升法治素养的素质教育阶段。

把大学生法治教育定位于素质教育,无疑反映了现代教育发展的一般趋势,同时也符合我国法治国家、法治社会、法治政府建设的客观要求。现代社会是高度法治化的社会,其形成是与现代经济、政治及文化的发展进步联系在一起的,它是现代市场经济、现代民主政治和现代法治文化的有机统一。因此,当前我国社会的急剧转型不仅是指经济的转型、政治的转型,事实上也包括了由传统法律文化向法治文化的转型。而这一系列的转型,对作为高等教育重要内容的大学生法治教育的发展也必然提出了变革与转型的新要求。法治素养作为国民素质的重要方面,是法治社会对公民的基本素质要求,对于高等教育所要培养的高素质人才来说,法治素养更是他们综合素质必不可少的内容。高校理应全面贯彻素质教育的指导思想,把法治教育与素质教育有机地融为一体,只有这样,才能完成为国家培养高素质人才的重任。

二、教育内容趋向多元

教育目标的转变,必然带来教育内容的更新与变化,其中一个比较明显的改变就是我国大学生法治教育的内容开始从单纯是"知识""意识"教育逐步转向"知识""意识"乃至"信仰"的多元化方向发展。

1978—1986年是大学生法治教育的恢复与重建阶段。这一阶段,大学生法治教育虽然开始进入教材和课堂,但基本上还是以课外为主,内容上从属于法律常识的普及,主要是普及当时新颁布的"九法一条例",即宪法、刑法、刑事诉讼法和治安处罚条例等常识。1986年国家教委关于在高等学校开设"法律基础"规定"为解决教学急需,可先采用司法部宣传司审定的《干部法律知识读本》",内容是包括宪法、刑法、民法通则等在内的"十法一条例"[①]。在1987—1998年的发展阶段,"法律基础"以独立的一门必修课开设。各地高校各自所编的教材在内容上尽管有差异,但基本上都不外乎两个方面:一是法学基础理论知识的介绍;二是宪法和主要部门法的基本精神和规定。根据"法律基础"课程教学基本要求和教学大纲,其具体内容分为两个部分:一是法学原理部分,主要包括法的本质、特征和作用、社会主义法的渊源、法的规范、法的关系、法的制定和法的实施

---

① 指《宪法》《刑法》《刑事诉讼法》《民事诉讼法(试行)》《民法通则》《婚姻法》《继承法》《兵役法》《经济合同法》《森林法》及《治安管理处罚条例》。——笔者注

及依法治国、建设社会主义法治国家的重要意义和基本要求等。二是宪法和部门法部分，主要包括宪法及行政法、民法、刑法、经济法、劳动法、婚姻家庭法、诉讼法等部门法。

"05方案"实施后，为了进一步加强高校思想政治理论课教材编写的领导与管理，由中宣部、教育部两部共同负责组织编写统一教学大纲和统编教材并把这一工作列入马克思主义理论研究和建设工程。统编教材《思想道德修养与法律基础》的内容结构，即思想修养、道德修养和法律修养，这三部分内容都被放到社会规范层面，都以社会为其发生的基础，内容上相互影响、相互吸收，体现了我们党将依法治国与以德治国结合起来的思想而进行的把法律教育与道德教育结合起来的探索。统编教材在2013年修订前，"法律修养"部分安排了两章及第五、第六章中的三个目，在2013年的教材修订中，"法律修养"部分安排了两章及最后一章中的四个目，2015年版修订教材中，"法律修养"部分增加到三章内容。2018年版修订教材中，"法律修养"部分又压缩到一章共六节内容。2021版统编教材书名改为《思想道德与法治》，"法治素养"部分内容仍然安排一章共四节。具体参见下列图表4-1。

表4-1 《思想道德修养与法律基础》"法律修养"部分内容变化

教材版别	"法律修养"部分内容
2013年之前统编教材《思想道德修养与法律基础》（以2010版为例）	第五章　第三节　二、公共生活中的相关法律规范 第六章　第一节　三、职业生活中法律的基本要求 　　　　第三节　四、婚姻家庭法律规范 第七章　增强法律意识　弘扬法治精神 第八章　了解法律制度　自觉遵守法律
2013版统编教材《思想道德修养与法律基础》	第五章　领会法律精神　理解法律体系 第六章　树立法治理念　维护法律权威 第七章　第一节　三、公共生活中的有关法律 　　　　第二节　二、职业生活中的有关法律 　　　　第三节　二、婚姻家庭生活中的有关法律 　　　　第四节　三、个人品德与法律修养
2015版统编教材《思想道德修养与法律基础》	第六章　学习宪法法律　建设法治体系 第七章　树立法治观念　尊重法律权威 第八章　行使法律权利　履行法律义务

续 表

教材版别	"法律修养"部分内容
2018版统编教材《思想道德修养与法律基础》	第六章　尊法学法守法用法 　　第一节　社会主义法律的特征和运行 　　第二节　以宪法为核心的中国特色社会主义法律体系 　　第三节　建设中国特色社会主义法治体系 　　第四节　坚持走中国特色社会主义法治道路 　　第五节　培养法治思维 　　第六节　依法行使权利与履行义务
	"法治素养"部分内容
2021版统编教材《思想道德与法治》	第六章　学习法治思想　提升法治素养 　　第一节　社会主义法律的特征和运行 　　第二节　坚持全面依法治国 　　第三节　维护宪法权威 　　第四节　自觉尊法学法守法用法

分析《思想道德修养与法律基础》"法律修养"部分内容变化可以发现,现阶段我国高校大学生法治教育从课堂教育看,其内容逐步走向多元化。既有宪法、法律、法律体系等法律规范知识方面的教育,使大学生在原有中小学法律常识的基础上,进一步解决"知晓法律"的问题;又有法律基本理论,特别是有关社会主义法治的一些基本概念、观念和理论,帮助大学生从思想上树立"崇尚法律"的意识和观念;另外还有与大学生学习和生活密切相关的法律权利与法律义务以及法治思维培育,帮助大学生掌握正确"运用法律"的能力和本领。

三、课程设置逐步稳定,教材建设进步显著

我国大学生法治教育在"05方案"实施之前,其课程设置变化较大。1984年后在一些高校开始列入思想品德课计划,从而进入课堂,当时具体课时并无专门规定。根据"85方案"的要求,明确了要从三个途径进行大学生法治教育,并规定了相应的学时要求:一是结合公共政治理论课"中国社会主义建设"讲授"社会主义民主与法治",共约为6学时;二是结合大学生的思想实际,开设法律基础知识专题讲座,并规定利用形势任务教育时间进行,可以集中在一个学期,也可以集中与分散相结合,共30学时左右;三是结合不同专业的需要开设专门法的选修课,具体学

时要求未作规定。① 具体对高等学校思想教育课程设置,"法律基础"被要求作为一门高校大学生的必修课独立开设,规定具体学时为30学时②。在"98方案"中,"法律基础"仍然被作为大学生必修的"两课"课程之一开设,在具体学时上规定了二年制和三年制专科"法律基础"课为28学时,本科为34学时。③ 在"05方案"中,原"法律基础"与"思想道德修养"两门课合并为"思想道德修养与法律基础"一门课,本科、专科"思想道德修养与法律基础"课统一为3学分。④

"05方案"实施后,作为大学生法制教育主渠道的课堂教育,其课程体系设置已逐步稳定下来。"思想道德修养与法律基础"课涵盖了道德教育和法治教育的内容,成为"着眼于对大学生思想道德规范、法律规范及其基础上的行为规范的综合教育""体现了马克思主义关于人的全面发展理论,贯彻了德治与法治相结合治国方略思想"⑤。

与此同时,在教材建设上,教育部组织、指导专家编写了"高校思想政治理论课教学系列用书",统编教材《思想道德修养与法律基础》06版出版之后,随着国内外形势的变化特别是党和国家有关社会主义现代化建设的理论和实践的发展,不断对教材加以修订完善,一共出现了"07修订版""08修订版""10修订版""13修订版""15修订版"和"18修订版"6个修订版本并于2021版改名《思想道德与法治》。教育部还指导编发了"高校思想政治理论课教学活页",另外还通过微信公众号发布,为大学生法治教育及时提供了丰富多彩的教学资源,初步构建起了"立体化"的教材体系。统编教材的编写和统一使用,规范了教学内容,彻底扭转了以往教材分散、不统一和低水平重复的局面,提升了教学效果,同时对保证大学生法治教育的价值导向和正确方向具有重要意义。

四、教育方法由单向灌输向多样互动式发展

较长时期以来,我国大学生法治教育侧重于法律规范性知识的"文本"式教

---

① 教育部思想政治工作司:《加强和改进大学生思想政治教育重要文献选编(1978—2008)》,中国人民大学出版社2008年版,第76—77页。
② 教育部思想政治工作司:《加强和改进大学生思想政治教育重要文献选编(1978—2008)》,中国人民大学出版社2008年版,第122页。
③ 教育部思想政治工作司:《加强和改进大学生思想政治教育重要文献选编(1978—2008)》,中国人民大学出版社2008年版,第252页。
④ 教育部思想政治工作司:《加强和改进大学生思想政治教育重要文献选编(1978—2008)》,中国人民大学出版社2008年版,第422页。
⑤ 宋婷:《回溯与反思:新中国成立以来高校法制教育历程研究》,南开大学出版社2014年版,第158页。

育,片面强调"系统性""整体性",内容几乎涵盖我国所有的法律部门。但由于大学生法治教育并非法律专业教育,不仅教学学时极其有限,而且教育对象大多是非法律专业学生,由此导致其在教育方法上主要采用单向式的"灌输"方式,只能使大学生笼统地、大概地了解一些法律知识和信息。"05方案"实施以来,大学生法治教育在方式方法上向问题教育、多样式互动教育、理论与实践相结合等方式转变[①]。

所谓问题教育方式,也就是"问题反馈式"教学模式,该模式"涉及三个不同层次的问题反馈机制,由四个相关环节构成:建立问题体系、开展问题解析式教学、多渠道采集和组织解答学生问题、学生问题和教学内容的对接等。这种反馈机制和教学环节,构成了教学效果不断提升的良性循环。"[②]就大学生法治教育而言,问题教育方式不再追求"系统""整体"地传授法律知识,而是从大学生的实际问题出发,引导大学生的法律思维,培育大学生的法治精神。相比于专业的"法学教育"或"法律教育",问题教育方式对广大非法律专业的学生来说更能接受,也更能提高教学的实际效果。

在教学手段和方法的探索与创新上,"05方案"实施以来,大学生法治教育突破了原有的单向灌输方式,探索出了案例式教学、参与式教学、师生对话主题研讨式教学、辩论式教学、翻转课堂、慕课式教学等多样式互动教育方式。这些互动式教育方式,把教育活动看作是师生间交流沟通、教与学交互影响的动态发展的过程。在此过程中,通过互动方式的不断优化,达到提高教学效果的目的。同时,在教学手段上,积极采用了网络多媒体教学手段,开展在线教育,并引入微博、微信公众号等辅助教学手段开展课堂师生互动交流、课外释疑解惑等。这些教学方法与手段的创新与应用,总体上讲对增强大学生法治教育课教学的说服力与感染力、切实提高法治教育教学效果起到了积极作用。教育部也充分肯定了这些探索和实践,并实施了相关教学方法改革的择优推广计划,通过研讨会、教师培训、微课教学比赛、教学观摩等方式肯定和宣传这些有益探索,发挥典型带头作用。

人们对法治的认知、情感、意识乃至行为,最终都要落实于法治实践。大学生法治教育是理论性、实践性都很强的教育活动:一方面,它通过对大学生进行

---

① 蔡卫忠:《论加强大学生法制教育要着力把握好的几个问题》,《思想理论教育导刊》2013年第6期,第46页。
② 王天恩:《问题反馈式思想政治理论课教学模式探索》,《思想理论教育》2012年第1期,第69页。

基本法律理论教育,帮助他们掌握最基本的法律知识,为大学生法治意识的养成做好知识准备;另一方面,它通过教师的法律知识传授和引导,使大学生能够运用所掌握的法律知识解释生活中遇到的法律现象和法律事件,并用以指导自己的生活实践。在理论与实践的结合上,"05方案"实施以来,大学生法治教育越来越注重大学生运用法律能力的培养,帮助大学生把所学到的法律理论知识及时运用到法律实践中去。在理论教育课"第一课堂"外,普遍开设了课外实践"第二课堂",给学生提供更多的实践机会,提高学生分析问题、解决问题的能力。

第二节 现阶段我国大学生法治教育存在的主要问题

思想政治理论课"05方案"实施以来,各级各类高校的思想政治理论课在管理体制的理顺、师资队伍的建设、教育教学改革等方面都取得了较大的进展。就大学生法治教育改革的整体状况看,有不少高校学者积极参与,提出和实践了多种类型、多种层次的改革方案和措施。这些无疑是大学生法治教育变革意愿与力量的体现,同时也是进一步思考和探索大学生法治教育改革的前提和基础。在此,研究大学生法治教育价值取向问题,首先是要发现"问题",从而进一步寻找新的发展空间。这迫使我们关注并反思我国大学生法治教育的现状,直面其改革实践中存在的问题。

一、大学生法治教育改革形式多样但缺少"灵魂"

现阶段大学生法治教育的改革涉及思想政治教育的许多领域,既有从教育方法、手段方面的创新,又有教育目标、内容方面的改革。

从大学生法治教育所采用的教育方法方面来看,当下大学生法治教育改革实践中引入、创造了众多的新教学法,形成了众多新的教学模式,一些教学方法和模式的理论研究也已经相当深入。就教育方法看,有启发式教学法、互动式教学法、专题式教学法、问题导引式教学法等;就形成的教学模式看,有案例教学模式、研讨教学模式、问题逻辑教学模式等一系列各具特色的教学模式。在所使用的教育手段方面,最突出的是网络信息技术等一系列新技术在大学生法治教育中的普遍应用。由简单的幻灯片到高级的多媒体技术再到网络技术,各种新技术手段越来越多地走进学校和课堂。在教育目标方面,认知领域的目标有了一定的进展,而对"非智力因素"的讨论、对完整教育目标的建构、对马克思主义关于人的全面发展理论的研究等,都在不断冲击着唯知识的目标导向。在教育内容方面,大学生法治教育改革从最初的课程的"分"与"合",发展到课程结构的调整,尤其是与思想道德的"有机统一"。

在具体的大学生法治教育改革实践中,这些丰富多彩的新方法、新手段和新模式使大学生法治教育焕发勃勃生机,透露出时代变革的新气息。这些探索与实践无疑为大学生法治教育的进一步改革提供了理论认识和实践经验的基础,使大学生法治教育呈现出新的气象。但是,值得指出的是,这些探索与实践毕竟是从不同领域、不同方面分散、零碎地进行的,依然属于"局部"而非"整体"的变革。因此,虽然丰富多彩,但在一定程度上缺少"神韵"和"灵魂"。要实现真正的整体性变革,还需要对教育改革作进一步的提升,需要寻找这些改革的"灵魂"。虽然有的改革力图实现整体变革,但最终也只是在课程、教材或教学方式等领域的具体变革。尤其是在教育目标方面,常常出现所谓的"赶时髦"现象,只要是一个新的名词或国外一个新的思想、一项新技术出来,就一拥而上,成为大学生法治教育改革的关注焦点。缺少自己的思考与构建,缺乏整体意识,缺少对大学生法治教育整体变革的系统思考,大学生法治教育无法凸显价值取向的灵魂性。

二、大学生法治教育改革缺少深层次的立足点

改革开放以来,大学生法治教育已经经历了思想政治教育改革"85方案"到"98方案"再到"05方案"的一轮又一轮改革,但这些改革都是国家、政府统一发动、组织,自上而下地推动的,缺少对受教育者——大学生这个主体的"回应"。这样的改革往往更多的是站在宏观立场作出的,虽然在一定程度上体现了大学生法治教育宏观政策环境的优化和对进一步变革的指导价值,但是尚未真正深入到大学生法治教育内部,尚未直面大学生法治教育的现实和大学生的生活实际。因此,它并不能完全替代大学生法治教育自身的具体变革。当前,我们更应该关注大学生在法治教育中的主体地位,更应该关注法治与大学生日常生活的关联,更应该关注如何引导大学生的法治行为习惯的养成。

诚然,现阶段我国的大学生法治教育改革,较多地体现在技术性、操作性层面,也创造出了许多新方法、新模式,采用了不少新手段、新内容,这对提高教学效果发挥了积极的作用。而且值得注意的是,当前已经出现了一些对大学生法

治教育目标的反思与探索,这相对于纯技术性的改进无疑是进步的。但就总体而言,还缺少深入根基、从根本上思考和重建大学生法治教育的改革研究与实践。而当下大学生法治教育改革,又恰恰需要深层次的转型,因而需要我们回到大学生法治教育变革的基本问题上,重新发现、拓展发展空间。

另外,大学生法治教育自上而下式的改革中,往往为了与社会的某些变化对应,自上而下地统一要求进行增加或减少"某某教育"。这导致了所谓的"刮风"与"跟风"现象,社会关注什么、上面要求什么,大学生法治教育就增加什么或减少什么。这种改革,虽然试图跟上时代变革的步伐,但往往带有强烈的应急和赶潮的色彩。这种浮躁,不利于大学生法治教育自身的健康发展。

上述情况,事实上反映的是一种关注大学生法治教育表面性价值的价值取向。这种价值取向,很难实现真正与时俱进把大学生法治教育推向整体、深层次的转型。从深化大学生法治教育改革的角度看,我们需要追求更深层面的价值,进一步探寻大学生法治教育与个体成长、社会发展的关系,也需要寻找更深层面的立足点。

三、大学生法治教育改革内在动力不足

在现实中,大学生法治教育改革的动力往往更多来自政府行政主管部门和上级单位的考核与评比要求。而作为大学生法治教育主体的高校、教师及学生,在一定程度上似乎缺少对大学生法治教育自我变革必要性和可能性的认识,还没有真正把大学生法治教育改革视为是"自己"的事情,而仅当作是完成上级安排的任务或者仅仅是少数学者专家们的事情。这样,从现有的大学生法治教育改革的理论研究与实践形态来看,改革较多地停留在国家层面,停留在教育体制、课程改革等外围性的改革中。而大学生法治教育改革的深化,必须唤醒高校、教师及学生的自我意识,需要他们清晰地意识到自身的责任,以自己的热情和创造,实现大学生法治教育的自我更新。

在现实的大学生法治教育中,我们能够感受到高校、教师及学生的无奈,他们需要改革,承认改革的价值,但同时也认为,改革的空间不大,难度很大。在这一意识状态下,大学生法治教育改革的内在动力缺乏,就显得更为明显。由此,大学生法治教育改革进入了一种不良循环:整体教育改革的推进,越来越需要内在动力的开发,而高校、教师及学生却依然等待着外界条件的改善。大学生法治教育改革的深化,需要唤醒高校、教师及学生的自我意识,从而生成大学生法

治教育改革的内在动力。

看来,我们必须深入思考大学生法治教育的本质,重新认识这个时代与自我,重新反思我们的教育观念,在此基础上从深层次去寻找大学生法治教育与法治文化建设进入良性循环的理论与可能空间。

第三节　现阶段我国大学生法治教育价值取向的反思

我国当下大学生法治教育现实中存在的这些问题,从深层次看涉及的是文化层面,即它与法治文化建设相脱节的问题,而实质就是价值取向问题。

一、对法治文化的误读带来的危害

法治文化,从终极意义上讲就是以人为核心,真正落实和保障公民权利,重视人的价值。这样,人们才从心理上接受法律、在意识上尊重法律、在思想上确认法律的权威、在行为上服从法律。也就是说,法治文化本身是法的至上性与人的至尊性的统一,离开了人的至尊性,片面强调法的至上性,必然会使法治陷入形式主义法治的泥淖,必然背离法治的核心价值追求。

中国传统的封建性质的法律文化,主要是为维护封建统治阶级的统治服务的。近代以来,当先进的西方法治文化进入中国的时候,在社会激烈变革的大潮下,人们更多关注的是其有形的东西即显型结构层面的法律制度、法律设施等方面;而其隐型结构层面的法律心理、法律意识(法律观念)和法律思想等没有受到足够的关注和重视。由此,近代中国的法律文化出现了一种明显的"工具化"倾向:更多地突出西方的法律制度和法律设施而忽视这种制度和设施背后的法律文化;更多地强调对西方法律制度和法律设施的吸收和移植而忽视其法律文化的学习与借鉴。在近代中国社会急剧变迁的过程中,先进的知识分子早就意识到,单纯靠借助引进西方先进的科学技术难于达成救亡图存的目的,因而呼吁引进西方的政治法律制度,呼吁开展西方式的法律教育以培养急需的法律专门人才。之后,中国一方面直接选派人员留学欧美、日本,学习资本主义的法律制度;另一方面在国内兴办西方式法律学校,直接培养法律专门人才。可以说,近代中国在学习西方式法治的时候,首先是将其定位于"西学为用"上,也就是说,在价值取向上仍然是以工具主义的态度对待的。在法律教育上,将其当作自然科学一样看待,当作是一种专业教育,与一般的百姓如果说有关系的话也只是服从和遵守的关系。中华人民共和国成立后,在改革开放前的很长一段时间里,法律虚无主义盛行,法治教育除了在初期得到一定的关注和重视外,完全服务于"政治挂帅",基本上处于停止和破坏状态。直到1978年党的十一届三中全会召开,才重新重视法治建设,恢复和发展法治教育。伴随着改革开放,法律制度的健全与完善、全社会的普法教育被提上议事日程。高校大学生的法治教育正是在全社会的普法教育中才大张旗鼓地展开的。这种普法教育基本上是围绕着经济建设的这个中心工作的需要展开的,从而使法治建设包括"法治教育"也开始从服从于"政治挂帅"转向服务于经济建设这个中心工作。至此,"工具论""社会本位"一度成为我国法治教育包括大学生法治教育的不二的价值取向。

随着我国社会主义法治建设的深入,传统的工具取向的法治教育的弊端和局限日益显现,使法治教育的实效性大打折扣。

首先,它导致大学生法治教育功利化。法治教育功利化指的是大学生法治教育中存在的片面强调社会价值而忽视人这一本体价值,一味要求大学生法治教育出现即时的显性的功效,忽视或轻视其可持续发展和长期效果的急功近利倾向。在价值取向上,这种功利主义价值观往往从社会需要和国家本位出发,把大学生法治教育视为一种纯粹的手段或工具,对大学生个体的本位价值及大学生的人格独立缺乏应有的关注。中华人民共和国成立以来,我国高校大学生法治教育在一定的时期里,服从并服务于"政治挂帅"需要,成为阶级斗争的工具。随着改革开放,党和国家工作重心转移到经济建设上来,大学生法治教育又转向服从和服务于经济需要,被作为服务经济建设、为经济建设保驾护航的工具。无疑,大学生法治教育的确具有政治功能、经济功能以及社会功能,每当政治、经济、社会等问题突显时,人们便自然将法治教育与解决这些问题直接联系在一起。但说到底,这些毕竟是大学生法治教育的外在功能,所追求和实现的也只是法治教育的社会需要,却忽视了它的育人的本位价值。在社会价值与个人价值之间,往往以个人发展价值的牺牲为代价迎合社会需要,致使大学生法治教育成为外在于大学生"主体"的存在,进而导致大学生法治教育在目标设定和教育内容、方法及评价机制的选择上,也难于摆脱狭隘的实用主义的取向和艰涩的工具化意向。只重视大学生法治教育为社会服务的"工具理性",片面重视其即时性的社会功效而忽视它对健全人格、培育良好公民、实现人的自由全面发展价值的

"目的理性",最终导致外在的社会需求与内在的人的需求的矛盾、工具理性与价值理想的矛盾变得更加突出。

其次,它导致大学生法治教育被"边缘化"。学校法治教育并非在大学阶段才开始的,在中小学阶段法治教育就已经是学校德育的重要内容。但是,由于长期以来中小学受应试教育的影响,法治教育存在着被"边缘化"的倾向。这种情况在大学阶段并没有得到根本的扭转,而且在某些高校和高校的某些方面有进一步加深的趋势。主要表现在法治教育所关注的只是其对人具有的某种征服、占有对象性世界"有用"的那部分知识的获得和相应的认知发展,而这种"征服""占有"世界的知识经验、人格素质在法治教育中几乎都被边缘化。我国实行社会主义市场经济以来,高等教育也逐步与市场接轨,尤其是实行高校毕业生分配制度改革以后,学生的就业问题和学校的就业率高低成了各高校重中之重的工作。学生和学校更加关注的是所学的知识"是否有用",对以后就业及职业发展"是否管用"。由此,法治教育被当作纯粹的法律专业知识教育看待,这对大量非法律专业的学生来说,无异于在宣示他们只是作为"被普法"的对象而已。法治素养是一种内化于心、外化于行的可贵精神,而工具理性只关注手段和方法是否合理和有效,社会也更多地注重行为产生的外在后果,由此,隐性的法治素养则"隐退"了,被置于生活的边缘地位。

最后,它导致了大学生法治教育"德育"功能的弱化。大学阶段是学生接受学校教育的最后阶段,也是学生进入社会之前的最后环节。大学生法治教育不只是简单的普法教育,作为高校思想政治教育的重要组成部分,大学生法治教育具有突出的"德育"功能。正如邓小平所指出的那样,法治教育的根本问题就是"教育人的问题"。德育即思想、政治和品德教育,是学校教育的重要组成部分。多年来,以传授法律基础知识为主要内容的大学生法治教育很少与学生的思想实际和生活实践相联系,极少深入到背后支撑法律的道德层面。一方面很少向学生阐释法律所内含的现代道德价值观念,另一方面也很少引导学生从价值观上给予法治以道德的理解、认同和支持。由此,形成法治教育与思想政治教育相割裂的状况,影响了教育的效果。

二、时代呼唤大学生法治教育价值取向的变革

进入 20 世纪 90 年代,社会主义市场经济被确立为经济改革的战略抓手,社会主义民主政治建设步伐也进一步加快。1997 年党的十五大提出了要"依法治

国""建设社会主义法治国家"的任务,表明现代中国最终选择了走现代法治之路。从此,法治教育在价值取向上开始向"法治"的教育转变。人们意识到原有"社会本位"的工具主义价值取向所带来的弊端。随着大学生法治教育改革的深入,学术界提出了大学生法治教育应从"工具化""社会本位"向"以人为本"转变。以人为本,意味着大学生法治教育必须凸显人的主体存在,人不再是工具,作为受教育者的大学生也不再是被动的客体,而是具有自我意识和完善人格的主体。大学生法治教育必须重视人、研究人,其根本目标必须转移到"人的全面发展"上来。至此,"人的问题"在大学生法治教育发展理论中凸显出来,大学生法治教育发展开始转向对人本身的关注。这样,"以人为本"在我国大学生法治教育中逐渐占据主导地位。

但是,现阶段由于对法治文化的误读,特别是受原有的片面的工具理念的影响,在价值取向上陷入两难困境,工具与人文、知识与意识、文本与人本的矛盾和纠结带来的后果是:一方面,"工具"成分弱化使学生的法律知识贫乏,用法、护法能力低下;另一方面,片面强调法律意识、观念教育,大学生的法治素养并没有得到应有的提高,没有从根本上实现"以人为本"。所以,尽管社会对大学生的法治素养要求及大学生自身对法治教育的要求大大提高了,但现实中的大学生法治教育却无力适应这一要求,呈现出"效用"低下甚至某种意义上的被"边缘化"的状况。所有这一切,说到底反映的是我国现阶段法治文化建设的滞后和大学生法治教育与法治文化的"契合"存在较大的差距。

当今时代,伴随着全球重大的政治、经济、文化的变革,全球性的教育改革出现了一些新的趋势。其中,最值得关注的是国际上对"发展"概念的反思和新的"发展观"的形成。人的发展成为新的发展观的核心,人们认识到,发展过程"首先应为发挥今天还有明天生活在地球上的人的一切潜力创造条件,人既是发展的第一主角,又是发展的终极目标"[1],"为了(迎接)下一个世纪的挑战,必须给教育确定新的目标……不能再把教育单纯看作是一种手段,是达到某些目的(技能、获得各种能力、经济目的)的必经之路"[2],"学会认知""学会做事""学会共同生活""学会生存"应当成为"教育的四个支柱"[3]。在这一变革的时代,教育的价值取向,日益关注时代变迁,关注人的全面发展。

---

[1] 联合国教科文组织总部中文科:《教育——财富蕴藏其中》,教育科学出版社1996年版,第71页。
[2] 联合国教科文组织总部中文科:《教育——财富蕴藏其中》,教育科学出版社1996年版,第76页。
[3] 联合国教科文组织总部中文科:《教育——财富蕴藏其中》,教育科学出版社1996年版,第76—78页。

在当下,网络、多媒体等早已成为人们学习、工作和生活中必不可少的媒介,高校大学生作为网络社会的"原住民"已成为网络时代的"主力军"[①]。提高大学生的网络法治意识、规范大学生的网络行为,不仅是网络时代对网络法治化治理的需要,也是大学生群体自身身心发展的需要。我国许多学者在思考学校教育改革目标时,也关注到当前社会发展的突出变化,尤其是网络信息技术对学校教育的重大影响,认为"信息时代对教育的冲击是根本性的,涉及传统教育的根基"[②]。所谓新教育的本质,就在于它具有了前所未有的鲜明的服务性质,它是为学习服务、为学习者服务的。[③] 还有学者更进一步提出了在时代转型背景下学校教育本身的转型问题,认为"近二十多年来,中国社会经历了、并还在继续进行着一场深刻的转型性变革。作为在社会中生存、且是社会重要构成的教育,也随着社会的变革在不断地变化着"[④]。

在这样一个急剧变革的时代,大学生法治教育的变革,也已经到了必须直面当代中国社会的整体性深层次变革,必须进行整体性、深层次的自我更新的时候了。只有在这种整体性、深层次变革的基础上,大学生法治教育才有可能更自觉、主动地解决自身所存在的问题,并通过根基性的重建,促成当代中国社会的整体性、深层次变革,通过"新人"的培育,催生一种新的文明形态。因此,这里所包含的是大学生法治教育与社会发展之间的相互关系。这告诉我们:必须在社会发展的背景下思考大学生法治教育的发展走向,通过不断的自我更新进而推动社会的发展。

因此,跳出传统的"适应论"工具主义思维定式,赋予大学生法治教育以"法治文化"的"灵魂",在实现与法治文化的良性互动中提升大学生的法律素质,融入并在一定程度上引领整个社会的法治文化建设,这是大学生法治教育价值取向变革可能的突破口之一。

---

① 王曦:《在优化校园文化中培育提升大学生法治意识》,《教育与职业》2016 年第 9 期,第 107—109 页。
② 何玉海:《服务德育:内涵与价值》,《天津师范大学学报(基础教育版)》2013 第 1 期,第 49—50 页。
③ 陈建翔、王松涛:《新教育:为学习服务》,教育科学出版社 2002 年版,第 15 页。
④ 叶澜:《实现转型:新世纪初中国学校变革的走向》,《探索与争鸣》2002 年第 7 期,第 10 页。

第五章
国际经验：国外学校法治教育的启示

在不少国家中，本书所指称的大学生法治教育通常是在"公民教育"范畴内进行的。这里，我们研究国外公民教育中有关学校法治教育的发展历程，对其与法治文化的互动关系进行历史回顾与现实解读，分析其价值取向演变的趋势，从中总结经验、吸取教训，对我国大学生法治教育价值取向的变革而言，无疑具有重要启发和借鉴意义。由于现代公民教育是与西方资本主义制度的确立相随而行的，因此，这里选择欧洲的法国、北美洲的美国以及亚洲的日本、新加坡四个国家的学校法治教育作为典型，回顾其基本发展历程，分析概括它们各自的基本特征、价值取向的演变及趋势，以获取我国大学生法治教育价值取向变革的国际经验。

第一节 国外学校法治教育发展的基本历程

一、国外学校法治教育的萌芽

一般而言，公民教育（citizen education），是指现代社会中面向全体公民进行的、以培育人们有效参与国家和社会公共事务的价值、知识和技能的教育活动。在国外（这里主要指西方），公民教育从一开始就是与法治联系在一起，之后又是在与法治文化互动中演进发展的。

西方法治文化萌芽于古希腊、古罗马时期。

古希腊的智者、大思想家亚里士多德坚决主张实行法治，他认为法治是"众人之治"，因而要优于"一人之治"。当然，这里他所指的"众人"是指构成古希腊城邦国家的基本要素的城邦公民——西方最早的公民形态,也就是"有权参加议事和审判职能的人"[①]。为了培养符合城邦需要的城邦公民,古希腊的思想家们都十分重视教育,并且认为要从儿童抓起,从婴幼儿教育、初等教育直至高等教育都要有培养优秀公民方面的目标。事实上,西方高等教育也正是始于古希腊时代的智者教育活动和柏拉图创办的学园教育活动。公元前5世纪出现的智者教育活动,其教育目的被界定为教人学会从事政治活动的本领,也就是训练公民和政治家。柏拉图的学园教育活动的直接教育目标则是要把学生培养成好公民和社会中能干的政治家。与古希腊的雅典一样,古罗马共和时期在政体上实行的也是奴隶制的民主共和制,罗马人继承了古希腊的法治思想并加以发展。古罗马的政治家西塞罗(Marcus Tullius Cicero)继承了古希腊亚里士多德等人的法治思想并将这些思想与斯多亚学派的自然法思想相结合,以确证法治的正当与必要。他认为理性是人的本质属性,是人与动物的根本区别所在,法律不过是一种成文的理性而已。同时,西塞罗又根据自己的政治实践,阐述了法治构建中的若干现实问题。如他认为,必须通过教育为城邦培养好公民,他在《论雄辩家》一书中不仅指出了一个合格的演说家所必需的学问和应该具有的品格,还探索了一套培养雄辩家的方法。在古罗马的高等教育实践中,修辞学校(或称雄辩术学校)即承担培养城邦好公民责任。古罗马激烈的政治斗争和社会生活的需要,使得演说、雄辩术占有越来越重要的地位。修辞学校的教育目标就是要培养善良且善于辞令的演说家或雄辩家,教育内容也十分广泛,所涉及的科目除了天文学、修辞学、数学、伦理学,还有辩证法、历史和法律等。

二、法治主义传统的形成与学校法治教育的发展

欧洲中世纪,上述法治的萌芽被奴隶制的独裁专制所扼杀,教育包括高等教育也不再是培养公民的教育,而成了不折不扣的臣民教育、子民教育。经过漫长而黑暗的中世纪,西方社会终于迎来了文艺复兴和资产阶级启蒙运动。代表新兴资产阶级的思想家们对封建王权和宗教神权的专制统治进行了无情的揭露和批判。也正是在这一过程中,以孟德斯鸠、洛克、卢梭等为代表的一大批思想家提出了他们各自的法治主张,近代法治主义由此形成并得到迅速发展,形成了自由主义和共和主义。与这两种法治主义相对应,公民教育也分别呈现出各自的

[①] 亚里士多德:《政治学》,吴寿彭译,商务印书馆1965年版,第111页。

特点：在自由主义教育观下，公民教育的目标不在于追求一个社会共同的目的和价值，使人们在教育中接受社会规则的目的只是在于使一个富有个性的人更有能力适应共同生活，在社会中更好地发展个性；教育内容上则强调对公民自由、平等、民主意识的培养，注重公民个性发展，认为教育者虽然也要向受教育者传授一些公共价值，使他们学会尊重他人，遵守社会秩序，但这些公共价值与信念仅限于技术层面，不应涉及过多的政治内容。与自由主义不同，近代共和主义教育观则把公民教育的目的归之于引导公民实践公民的责任与义务，帮助他们树立公共利益优先的观念，培养有美德和积极的政治参与者，使其具备参与公共讨论、有理性商议的能力。在教育内容上一方面对学生进行公民意识教育，使学生了解民主的程序、了解宪法、基本政治制度、基本权利义务及本国历史等，另一方面就是公民参与意识与能力的培养。

无论是主张自由主义还是共和主义的西方思想家们，他们所主张的法治从某种程度上讲都属于形式法治。形式法治在现代社会中以其反对专制特权、维护自由市场经济而扮演了重要角色，但是其弊端也日益显现，有陷入"恶法亦法"的危险。因此，第二次世界大战后特别是20世纪50年代以来，越来越多的西方学者转而关注实质法治，重视法治所蕴含的公平正义、自由平等、秩序以及人权保障等实质价值。比如美国哲学家约翰·罗尔斯(John Bordley Rawls)在其《正义论》一书中，虽然在制度层面主张一种程序正义，但从整体学说体系看，在其形式法治观的背后潜含着自由优先、拒绝服从不正义的法律等实质法治的意旨。与法治文化的这种转变相对应，第二次世界大战后，西方的公民教育的理论与实践也呈现出许多新的变化。这一阶段，西方公民教育理论出现了新自由主义与社群主义等思潮的对峙与论战。新自由主义的公民教育观的代表人物如约翰·罗尔斯(John Bordley Rawls)、罗纳德·M·德沃金(Ronald M. Dworkin)等，他们坚持个人自由权利优先，主张公民教育的目标在于培养自由平等的公民；认为公民教育的内容是培养对多元、差异社会的"包容"和对其他公民的自由、平等权利的尊重；他们还主张在不同价值观的公民之间展开对话与交流，培养公民的自我批判能力和反省能力。社群主义的公民教育观的代表人物如迈克尔·桑德尔(Michael Sandel)、查尔斯·泰勒(Charles Taylor)和丹尼尔·贝拉(Daniel Bell)等，他们认为公民教育的目标是要培养社群主义的公民——具有社群认同和社群所需要的德行的人，强调公民教育的内容主要应该是培养公民认同意识和公民德行实践能力；在公民教育的方式上，主张通过公民主动参与和实践—自我发现—发现自己作为国家公民的意义和目的,从而把自己培养成忠于国家利益的好公民。新自由主义的公民教育观与社群主义的公民教育观虽然基本观点各异,但我们仍可以看出其背后的法治文化发展的影子。

第二节 国外几个典型国家学校法治教育发展的概况

因政治、经济和文化条件的不同,不同国家的学校法治教育也各不相同。从文化的视野看,法治文化是影响学校法治教育的重要因素,不同类型的法治文化对学校法治教育的价值取向及其变革起着重要的影响和引领作用。国外,不少国家的学校法治教育内含于公民教育之中,由此分析这些国家的公民教育与法治文化的互动关系,尤其是从它们的学校法治教育的发展历程和基本特征的分析中,总结其价值取向变革的趋势,对于加强和改进我国大学生法治教育具有重要启示和借鉴意义。美国属于英美法系国家,其公民教育不仅理论研究走在世界前列,而且在公民教育的实践上也被认为是世界公民教育成功的典范。法国属于大陆法系国家,其公民教育在世界上不仅起步较早,发展也比较完善。法国以人权(或权利)为中心的公民教育在西方也是一个成功典范。日本与中国是近邻,又同属东亚地区,深受儒家文化的熏陶和影响。近代以来,日本的公民教育实现了成功转型,形成了自己独特的公民教育做法。新加坡虽然民寡国小、资源贫乏,但其华人占七成以上,文化传统和价值取向与中国相近,其学校法治教育成效显著,值得研究借鉴。因此,这里,以这四个国家的学校法治教育作为典型,进行概括和分析。

一、美国学校法治教育发展的概况

(一)美国公民教育的发展历程

美国公民教育的理论发达,是现代公民教育理论研究的发源地,其公民教育的实践也一直处在世界前列。法治教育是当代美国公民教育中的一项重要教育活动。

在初期阶段,随着国家的工业化、领土的扩张、移民的涌入,美国需要塑造自己的价值观,因此为培养符合不同阶段所需要的"美国公民",美国十分重视公民教育。在之后的半个世纪里,公民教育被确定为"公民道德价值观教育"和"民主自由思想教育",尤其强调公民的美德思想、道德观念、爱国主义精神,辅之以美国历史和共和国体制相关知识的学习。19世纪中后期开始,传统的公民美德教育受到了以工业革命为主的新的社会经济等因素的挑战和影响,美国公民教育加强了政治教育或政治价值观教育,对学生灌输美国式的民主思想、政治制度,《权利法案》以及美国宪法、政治结构等的学习,成为当时公民教育的主要内容。进入20世纪以后,随着美国的发展和日益强大,美国政界和教育界日益感到完全以政治为内容的公民教育不符合社会的发展对公民教育的要求,于是在1916年美国教育协会出台了关于学校、学院与大学中的政府(科)教学的报告。就公民教育的内容、方式、课程设置等方面,该报告向美国全国学校提出了建立"社会科"的建议,两年后美国学校正式建立了"社会科"。所以,这份报告被认为是美国现代公民教育形成的标志。"社会科"的设置,在美国公民教育中产生了重大影响,内容包括了历史、公民学、政府组织和社会经济学等方面的知识,其目的正如皮尔斯(Bessie Pierce)所说的"政治问题与公民科拥有共同的教学目标,即'好公民'或'智慧的公民'"[1]。

第二次世界大战后,美国进入和平时期,战争激起的爱国主义氛围,在战后一系列社会问题以及冷战初期麦卡锡主义的反共狂潮的冲击下逐渐冷却。苏联发射人造卫星使美国社会和教育陷入一片恐慌,随之颁布的《国防教育法》使学校教育的重点转向了国防教育和科学、数学、外语等领域。之后的越南战争与"水门事件"等引发的巨大变化,令公众对公民教育丧失基本的信任,公民教育的发展几乎陷入停滞的危机局面。这引起了美国教育界和一些私人基金会等组织的关注和重视,20世纪60年代美国掀起了"新社会科运动",强调要培养有批判思维和解决问题能力的公民。70年代,美国公民教育方案中,反复强调要培养学生成为具有爱国精神、能对国家尽责任和义务的"责任公民"。进入20世纪90年代后,随着世界经济、政治格局的巨大变化以及国际文化交流日趋普遍,世界各国普遍开始重视由国家直接主导公民教育的发展,美国公民教育也发生了深刻变化。为加强公民教育,美国联邦政府专门颁布了一系列的指导性文件,如

---

[1] B.L.Pierce, *Civic Attitudes in American School Textbooks*, Chicago: University of Chicago Press, 1930, pp.243, 246.

1990年,美国联邦政府教育部颁布了指导美国教育改革的《美国2000年教育目标》,把良好的公民教育规定为美国教育要达到的主要目标之一。1991年,美国政府又颁布了《公民教育大纲》,再次强调了这一目标。[1] 进入21世纪,尤其是发生"9·11"事件后,美国学校公民教育的地位更加凸显。联邦政府教育部大量扶持高质量的、传统的美国历史与公民教育的开发项目,并将公民教育视为民主社会的基础。

美国公民教育内蕴着法治教育的要求。当然,美国真正现代意义上的学校法治教育始于20世纪60年代的"法律学习运动"(Law Studies Movement)。"法律学习运动"的创始人是教育家伊西多·斯坦(Isidore Starr),他在从事公众法治教育的过程中发现通过引入法律案例,特别是对重要的和有争议的公共问题进行案例教学,其效果要比单纯讲述政府结构要好得多。1962年,斯坦与美国公民自由教育基金会在马萨诸塞州的威廉姆斯联合举行的一次会议上制订了一个计划,该计划名为"威廉姆斯报告",向全国教师分发,开启了法律学习运动的序幕。如斯坦所指出的那样,法律学习并非培养律师或帮助个人为从事法律职业作准备,它旨在"通过教育青年人了解法律、法律程序和法律系统,以改善公民教育,给青年人提供另一种理解社会的方式和一些可以使他们参与制定和塑造法律的工具"[2]。1978年,"法律学习运动"更名为"law-related education"(国内译为"与法律相关的教育""法治的教育""法治教育"等)。美国国会通过的 *Law-related education Act of 1978* 中,将"law-related education"界定为"用法律、法律程序、司法系统及它们赖以为基础的基本原则和价值观相关的知识和技能教导非法律专业人员的教育"[3]。

(二)美国学校法治教育的基本特征

现阶段,美国学校法治教育的基本特征如下。

第一,美国公民教育的目标被界定为"学生成就和公民能力"和"成人脱盲与终身教育"。前者要求"所有学生都将参与到那些能促进和提高公民素质、社区服务及个人责任感的活动中",后者则要求"所有成年人应该识字,并拥有足够的

---

[1] 敖洁:《大学生公民教育的理论与实践》,湖南大学出版社2010年版,第43页。
[2] D. Williamson, K. Minor, J. W. Fox. *Law-related Education and Juvenile Justice: Promoting Citizenship among Juvenile Offenders*. Springfield: Charles C Thomas·Publisher, LTD, 1997, p.8.
[3] R. Leming, *Essentials of law-related education*. American Bar Association's National Law-Related Education Resource Center, 1995, 5.

知识和技能,以便参与到全球经济竞争中,并行使自己的权利、承担公民的责任"①。而就学校法治教育的目标而言,就是通过与法治相关知识、技能及价值观的教育,帮助学生成为能够理解自身生活的公民社会、具有法治意识、支持民主宪政制度并积极参与其中的"好公民"。当代美国学校法治教育的开展都围绕这一目标进行。

第二,美国公民教育的内容涵盖公民知识、公民技能和公民品格教育三个方面。根据美国《公民与政府教育国家标准》,学校公民教育所要掌握的"公民知识"主要涉及认识政府和政府职能,美国式宪政民主的基本价值和原则,美国与其他国家的关系及美国在国际事务中的地位,公民的地位、作用、权利、义务等。② 至于"公民技能"则既包括思维判断方面,如对公共议题和美国政治体制进行鉴别、描述、解释、分析、评价等能力,也包括如参与团体组织并在活动中合作、交流、达成协议等参与方面的能力。而"公民品格"教育则要求学校公民教育把学生培养成为独立的社会成员;承担公民在个人、政治和经济等方面的责任;尊重他人的价值和尊严;关注并全面有效地参与公共事务,促进公共福祉,推进宪政民主进程。实践中,美国公民教育基本上是围绕上述目标展开的。其内容除了公民意识教育、权利义务教育、道德教育、历史教育等内容及爱国主义教育外,法治教育也是其中重要的内容之一。就法治教育而言,其核心内容就是向学生传授美国式法治社会所需要的知识、技能和价值观。就法治相关知识而言,最主要的是围绕"法律"和"权力"两个核心概念展开。比如围绕"法律",要求学生理解法律在法治社会的地位和重要作用、制定法律的基本精神、现代法律制度的基本内容、司法机构的历史发展、宪政民主制度及其基本价值观等。而围绕"权力"则要求学生懂得宪政系统如何使权力合法,政府权力为什么要限制、如何限制等。学校法治教育要培养的技能包括研究技能、思维技能和交流以及社会参与技能。研究技能包括知晓如何在图书馆和其他信息资源库中获得与法律以及法律问题相关的信息;能够进行私人访问或者参与法律问题的实地调查;能够组织信息;理解法律何时以及如何适用于特定实际情况。思维技能包括归纳综合与法律相关的信息;批判性地评价法律和法律问题;形成理解和评价由问题引起的争议和冲突的能力;能对涉及法律和法律问题的情况作出明智的决定。交流

---

① Kerry J. Kennedy, *Citizenship Education and the Moderm State*, The Falmer Press, 1997, p.146.
② 檀传宝等:《公民教育引论:国际经验、历史变迁与中国公民教育的选择》,人民出版社 2011 年版,第 26 页。

以及社会参与技能包括阐述涉及法律问题的观点和信念;培养同来自不同背景和环境的人进行沟通和互动的能力;劝说他人思考与法律相关的信念和行为的能力;能共同参与规则的制定和目标的设立;通过协商、谈判、妥协和冲突的解决达成共识。

第三,在公民教育实施上,既重视纵向系列的衔接,又重视横向层面的贯通。在美国,从小学一直到大学,法治教育是相互衔接的,其贯穿于整个学校教育的全过程:中小学阶段主要侧重于法律常识教育,培养学生的法律意识,帮助学生认同美国的社会政治制度与经济制度;大学阶段则主要侧重于法律理论教育,帮助学生认识法律的形成与演变过程,将美国的制度与法律的合理性、权威性上升到理论层次,使学生接受并自觉维护,做一个合格公民。美国公民教育主要通过家庭、学校和社会等途径实现的,就学校公民教育而言,其主要途径概括起来无非两大类:一是学校的课堂教学,二是连接课堂与社会的服务学习活动。美国无论是中小学还是大学,都设有专门的公民教育课程,除了"公民科""公民与政府科"等专门、直接相关学科或课程(包括相关选修课教学)外,还有"历史科""社会科"等相关学科推行的公民教育。这些公民教育课程广泛涉及多种学科。服务学习(Service-Learning)是美国学校公民教育课外或校外的社会行动的主要体现,它以"为宪政民主培养负责任的公民"为目标,将课堂内的课程学习与课堂外的社区服务相结合作为基本的教育方法。服务学习涉及志愿者服务、学校服务、社区学习、职业学习以及以许多影响公共政策为目标的社会行动。

二、法国学校法治教育发展的概况

(一)法国公民教育的发展历程

在世界范围内,法国是公民教育起步较早的国家,法国公民教育的发展也比较完善。

1789年法国资产阶级革命爆发后,制宪会议宣布废除封建特权,紧接着就发布了《人权宣言》。根据1793年法兰西共和国(即法兰西第一共和国)制定颁布的《公共教育法》,《人权宣言》被列作为学校教育所必需的内容对待。1881年,法兰西第三共和国时期,法国颁布了《费里法案》,其第一款就是关于公民课程的声明,认为"道德与公民"课程或教学,是比阅读、写作和文学教育等更为重要的内容,是国家需要优先考虑的首要内容。从此开始,公民道德教育课程成为法国公民教育的传统并得以延续。20世纪三四十年代,法国为了培育公民的爱国主义精神,忠于自己的国家,维护国家利益,在学校普遍开设"公民爱国主义教育"和公民训练活动。鉴于公民参与公共事务的义务和责任的教育被忽视,因此1945年后,"公民训练"再度复兴。1947年,法国政府编写学校教学大纲时,将公民义务教育放在首要地位。20世纪60年代后,随着民主运动的发展,专业化的公民教育重新走上实质性发展轨道,同时,公民教育中国家强调权利与义务相结合。20世纪80年代起,法国公民教育课程又进行了改革与重建。值得一提的是,1984年,法国政府还明确了公民教育的核心是"人权",进一步重申要遵循1789年的《人权宣言》和1948年联合国大会通过的《世界人权宣言》。由此可见,法国公民教育中把公民权利放到了重要位置。进入20世纪90年代,法国将公民教育延伸至高中或高等教育机构。2000年法国政府颁布的公民、法律和社会教育的课程教学大纲明确指出:"人不是生就的公民,而是成为公民的","公民是能够介入国家生活的人"。[①]

(二)法国学校法治教育的基本特征

由于法国自大革命以来形成了共和主义的传统,其公民教育也受这一传统的深刻影响,其学校法治教育也有其自己的特点。

现阶段,法国学校法治教育的主要特征如下。

第一,包括法治教育在内的公民教育的组织主要由国家直接组织,具体由教育行政部门统筹规划,包括制定统一的教学大纲和教育标准,设置统一的教育课程,在学校层面进行统一的管理和指挥,是一种高度集中的组织形式。

第二,公民教育的目标是将学生培养成为具有责任感和义务感的"自律性的公民",强调培养良好的公民美德与责任(包括个人品质、公民品质和职业要求教育);培养对国家的认同,即对法兰西文化、法兰西共和国历史和民族精神的认同;培养学生具有有关民主原则、国家机构等知识和行使民主权利、参与社会公共生活的能力。就学校法治教育而言,其教育目标是通过教育,使学生习得法兰西国家社会生活的基本法律知识、参与政治生活的基本法律技能,确立法兰西民族的法律价值观。

---

① 魏传立:《法国公民教育对我国的启示》,《语文学习》2011年第3期,第31页。

第三,法国公民教育的内容丰富多样,除了具有法国特色的居于核心地位的人权教育外,还有为民主生活准备知识、技能和体验的民主生活教育,对现有政治制度服从和认同的政治合法性教育,爱国主义教育,伦理道德教育,人生观教育,价值观教育等。就学校法治教育而言,其核心内容主要是围绕"权利"和"责任"展开。比如,要求学生必须系统地学习法兰西国家公民的权利和义务的相关知识,使其知晓自己的法律权利与责任,知道如何根据法律制度依法行使自己公民权利和承担相应的责任。

第四,法国学校公民教育的途径和方式也多种多样,主要通过学校的课堂教学、课外活动和社会教育来综合实施。学校的课堂教学主要是为了使学生获得关于公民的基础知识,沿袭重视学术的传统,在实施时基本上侧重于采取分科的形式落实公民教育,从小学、初中、高中一直往上,各级学校大都开设单独的公民科安排公民教育。在学校法治教育中,注重利用学校和班级的实际事例,利用社会生活中的违法行为传授法律知识,进行法治教育。值得指出的是,法国十分重视教育者的言传身教,在实施学校法治教育中,教育行政部门对教师提出了具体要求。比如,要求教师把传授法律知识当作自己的神圣职责,在任何时候都不能放弃这种职责;面对学生,要求教师的社会行为必须以法律为准绳。当然,法国学校法治教育还注意将公民教育的许多细节渗透到各个学科的教学中去。除了正规课程的学习外,课程体系还包括综合开放、丰富多彩的课外活动。比如,学校之外的信息与资料中心或图书馆就成为学生课外自主学习的主要途径之一。另外,法国还建立健全了如志愿者等公民教育的社会参与机制,使学生结合现实生活去了解作为一个公民的职责和权利。

三、日本学校法治教育发展的概况

(一) 日本公民教育的发展历程

近代日本,政府非常重视在学校中推行各种形式的公民教育,但其反映的却是偏向注重团体或集团道德的日本价值传统。这种价值传统在国家主义和军国主义教育的误导下,最终走向了极端。因此,日本现代意义的公民教育始于第二次世界大战后。

1945年日本战败投降,在以美国为首的战胜国的推动下,日本包括教育在内的社会各个领域都进行了民主化改革。为了消除日本极端国家主义和军国主义的教育制度和教学内容，以美国为首的战胜国相继发布了四项指令，明确要求学校停止"修身"、日本历史和日本地理三科的教学。不久，日本颁布了建设新日本学校的教育方针，确立了日本教育民主化的基本走向。1947 年 3 月，日本颁布《教育基本法》，进一步明确了教育的目的是"以陶冶人格为目标，培养和平国家和社会的建设者，爱好真理和正义、尊重个人的价值、注重劳动与责任、充满独立自主精神的身心健康的国民"[①]。而且，在教育方法上，呈现出尊重学生经验和以问题解决式教学方式为主的特征。20 世纪 50 年代，美国改变了对日本的政策，日本与美英等国签订了讲和条约，由此，日本恢复了独立主权。同时，随着经济的高速增长，日本教育对"爱国心"和道德教育重新重视，公民教育的重点被置于民族主义价值之上，公民教育目标被确定为培养"国家公民"，尤其强调国家意识的培养和为国效力精神的树立。20 世纪 70 年代以后，西方国家的经济开始从高速增长步入缓慢发展时期，人们看到经济发展在带来财富增长和生活改善的同时，也带来了诸如环境污染、价值观迷失、青少年犯罪等众多全球性的问题。加之激烈的升学竞争压力，学生中厌学情绪严重，逃学和校园暴力事件频发，从而促使人们对"教育现代化"进行反思，提出了"教育的人性化""以人为中心的教育"的人性化课程理念。20 世纪 80 年代以后，日本综合国力增强，日本经济在全球经济中的作用和影响力大增，经济大国地位已然稳固，开始谋求政治大国的地位。于是，日本的公民教育开始强调国际教育，培养作为国际社会中的日本人。20 世纪 90 年代以来，日本学校开始实施 1989 年制定的《高等学校学习指导要领》纲，公民教育被置于更加突出的地位。

（二）日本学校法治教育的基本特征

现阶段，就日本公民教育中的学校法治教育而言，主要的特征如下。

第一，除了继续重视作为国民所必需的基本素养和充实个性价值的教育之外，更强调要鼓励学生的"生活热情"，尤其是个体生活与巨变中所需要的品质与能力。在日本政府 1996 年 7 月 19 日发表的咨询报告中，首次提出要提高学生的"生存能力"。2001 年，日本实施"21 世纪教育新生计划"并修改了《学校教育法》，目的就在于对学生通过参与社会事务和参加体验活动，培养出合格的日本人。日本 21 世纪的教育目标中将公民教育的目标定位于培养和造就具有宽广

[①] 汪霞：《国外中小学课程演进》，山东教育出版社 2000 年版，第 746 页。

的胸怀、健壮的体魄、丰富的创造力,自由自律和公共的精神,面向世界的日本人。①

第二,与日本传统文化的强大力量和战后西方民主教育的强制推行相对应,现阶段日本公民教育融合了西方式资产阶级民主教育与日本自己的君主立宪制国体教育。现阶段日本公民教育的内容,根据日本文部省课程委员会的报告,主要包括:道德教育、对国际化的回应、对信息社会的回应、对环境问题的回应、对老龄化社会的回应以及对跨学科与全面学习的回应等。② 规定学校必须通过其教学的每一个阶段和每一个主题来推动这些方面教育的发展。而现阶段日本公民教育的具体内容可以概括为以下几个方面:道德教育、政治教育、经济教育、法规教育和国际理解教育等,其中法规教育包括理解法令、权利与义务、人权、法治、裁决制度、契约关系等法律关系和规定,习得守法、尊重人权和依法办事的能力。③ 事实上,与美国等国将学校法治教育在公民教育下单列类目不同,日本的学校法治教育并不单列为一个类目,而是将法治教育的内容融入公民道德教育、公民权利教育以及公民意识教育等各个环节。

第三,就现阶段日本学校公民教育的途径而言,其课程模式基本上是以国家课程为主的,从小学、初中、高中一直到大学都有相应的国家课程规定。就学校法治教育而言,日本的小学阶段法治教育主要是一些与学生日常生活息息相关、浅显易懂的法律常识,如交通法规、公共卫生法规等;日本中学阶段法治教育主要是有关法治与社会方面的基本理论、涉及法律制度的介绍,如公民权利义务、宪法等;日本大学阶段无论什么专业都有各种专业的法律课,基于学生不同专业类别和不同的就业需求,由高校提供不同的法治教育课程供学生选择。同时,也有各种主题的综合学习安排如跨学科的学习主题、反映特定学校或社会特征的主题等供教师选择。

此外,包括课堂活动、学校活动与学生会及其他活动等"特别活动"发挥着隐性课程的重要功能。因此,日本的学校法治教育并非封闭体系,学校除了利用自身力量外,还广泛利用各种社会资源,注意学校资源和社会资源的结合共同发挥作用。比如通过社会考察、调查研究活动、访谈以及与社会实务部门合作等途

---

① 瞿葆奎:《教育学文集:日本教育改革》,人民教育出版社1991年版,第464页。
② Ministry of Education, The Report of the Curriculum Council for Education. http://www.mext.go/jp/English/shotou/980401.htm, 2008-12-26.
③ 李萍:《日本学校中的公民教育浅议》,《道德与文明》2003年第1期,第58页。

径,激发学生学习法治知识并将所学到的法治知识服务社会的热情。可见,现阶段日本公民教育在教育途径上在课程为主的同时也有课外实践活动,在教育方法上则在重视知识系统指导的同时,也重视能力的培养以及学习过程和学习方法,换句话说就是从原先的以知识为中心的学习转向自我教育能力的培养。

值得一提的是,日本在法治教育方面十分重视社会环境的营造。在日本,学校以外的教育统称社会教育,社会教育在提高民众的综合素质和传统文化的传承与发展方面发挥了重要作用,已经成为日本学校教育的有益补充。1949年,日本政府通过的《社会教育法》与1950年通过的《图书馆法》及1951年通过的《博物馆法》统称为"社会教育三法"。根据《社会教育法》,"各级政府机关必须造成和促进一个合适的环境,使每一个公民能最大地发挥自己内在的力量来提高文化素质和社会法律意识"[①]。

四、新加坡学校法治教育发展的概况

(一)新加坡学校公民教育发展历程

新加坡是个小国,但被公认为现代法治国家的典型。历史上,新加坡经历了长达一百多年的英国殖民统治,直到1959年才实现自治,成为马来西亚联邦属下的一个"自治邦"。1965年,新加坡独立后成立了新加坡共和国。新加坡是个移民国家,人口多来自亚洲和欧洲等地的移民及其后裔,人口中排前三位的分别是:华人(占总人口七成以上)、马来西亚人和印度人。因此,新加坡是一个具有多民族和多元文化背景的国家。

新加坡的学校公民教育在自治时期(1959—1965年)没有受到应有的重视。当时,新加坡急于改变贫穷落后的面貌,集中注意力于经济建设。1965年独立后,新加坡政府渐渐认识到公民教育的重要性。因为,一方面,作为移民国家,居民们仍保留着移民心态,对原移出国保持着强烈的认同和归属感,只认自己是"华人""马来西亚人"和"印度人"而不认自己是"新加坡人";另一方面,快速进行的工业化、现代化进程,使西方价值观盛行,个人主义大行其道,导致传统的"东方价值观"式微,倍受冲击。伴随着西方价值观的盛行,各类社会问题日益突出。在此情况下,新加坡政府开始重视公民教育,以培养"新加坡人"及其对国家的认

---

① 汪蓓:《日本青少年法治教育改革经验及其启示》,《学校党建与思想教育》2015年第19期,第94页。

同和归属感。在初期,新加坡就制定颁布了《学校的道德教育和公民训练的综合大纲》,在全国中小学统一开设公民与道德教育课程,对学生进行公民教育和公民训练,强化国家观念和公民意识。1974年,新加坡改革学校公民教育课程,推出了一门集公民、地理和历史于一体的"生活教育"课程。该课程从公民、地理和历史三科的内在联系出发,帮助学生确立"新加坡人"的民族意识。20世纪70年代末和80年代,新加坡政府开展了大规模的公民教育改革运动,重新制定了公民教育计划,规定所有学校和班级都必须开设公民教育科目。根据新教育计划,公民教育的内容包括三个方面,即:个人行为、社会责任和效忠国家。1991年,新加坡批准并公布《共同价值观白皮书》,明确提出了新加坡各族人民的"五大共同价值观":国家至上,社会为先;家庭为根,社会为本;关怀扶植,尊重个人;求同存异,协商共识;种族和谐,宗教宽容。这"五大共同价值观"也成为学校公民教育的价值取向。"白皮书"的颁布,标志着新加坡学校公民教育的定型。

（二）新加坡学校法治教育的基本特征

在新加坡,中小学阶段没有专门的法治教育,既没有专门的法治教育课程,也没有专门的法治教育教材。但是,不能说新加坡的中小学没有法治教育。事实上,新加坡中小学的法治教育是融入公民与道德教育课程中进行的,重点是公民规则意识和守法精神的培养。到了大学阶段,就有了专门的系统的法治教育,但是其仍然属于公民教育范畴。概括起来,新加坡公民教育中的学校法治教育主要有以下几个特征。

第一,注重对规则的遵守与认同。新加坡以法律制度完备和执法、司法严厉著称。独立以来,新加坡十分重视立法工作,建立起了相当完善的法律法规等制度规则体系。这一规则体系不仅详细具体,而且操作性强,涉及公民日常生活的方方面面。新加坡学校法治教育就是在国家与社会整个大规则体制下进行的,为此,新加坡政府制定并逐步完善了一系列针对青少年的法律法规,各学校也相应地制定了严格的学校规则,对学生规定了详尽的日常行为准则和规范。学校的这些准则和规范具体而明确,无论遵守或不遵守都有明确的界线,具有很强的可操作性。

公民之所以遵守法律源于其对法律的认知,尤其是认同,这种认知、认同在很大程度上取决于他们所受到的法治教育。为此,新加坡一方面非常注意将规则"广而告之",不仅在社会上到处有各种警示标识提示,就是在学校内各醒目处都写有学校校训、校纪,时刻提醒人们要遵守规则,不要挑战法律规定。另一方面,也是更重要的是,新加坡通过加强学校法治教育,帮助学生理解、认同这些规则。

第二,采取将法治教育融入道德教育的教育模式。在新加坡,中小学主要通过公民与道德课程来加强法治教育,重点是培养学生的规则意识和守法精神。道德教育的目标是为社会培养"好公民","好公民"在标准上不仅有道德的要求,也有法律的要求。如新加坡小学的公民与道德课程,各年级都规定有从"服从""守秩序""守规则"到"守法"等遵守规则的要求。中学的"公民与道德"课程注重公民知识、公民技能和公民态度三个方面的教育,其中就有公民权、公民法律责任等内容。此外,新加坡在学校法治教育过程中,十分重视发挥传统文化的作用。根据1991年新加坡政府颁布的《共同价值观白皮书》,倡导"五大共同价值观",这"五大共同价值观"事实上已经成为新加坡学校法治教育的主要价值取向。同时,在学校法治教育中所使用的教材多与"忠孝仁爱、礼义廉耻"联系在一起,与守法、重秩序、尊重他人权益等方面构成了内容多元的法治教育体系。

值得一提的是新加坡学校包括高校都有一套"赏罚分明"的奖惩机制。学校不仅对学生遵守规则的情况规定了明确的奖惩制度,还设有专门的训导处负责这些规则和制度的严格落实。在学校中,好事不分大小。学生在日常生活中并不需要做出什么惊天动地的大事,只要是良好的行为都会得到赞扬和鼓励,并以书面形式告知家长。同样的,坏事也不分大小,惩罚没有例外。对学生的一般性违纪行为,通常的处罚措施包括:谈话、通知家长、参加辅导学习、规定时间的社会服务或者体罚。而对于学生的严重违纪行为则可以采取公开道歉、鞭笞、停课直至开除等不同程度的惩罚措施。惩罚的目的是要明确地告诉学生要为自己的行为负责,犯了错必须得到惩戒,从而在学生内心深深烙下遵守规则的意识。

第三,学校与家庭、社会等多方配合,形成合力。学校无疑是对学生进行系统化法治教育的主渠道,但单纯依靠学校的教育尤其是课堂教育是远远不够的。长期以来,新加坡的学校法治教育一直致力于学校与家长、社区、政府的合作,形成多元互动的良性教育机制,为法治教育提供了更多的便利和优秀的教育资源。新加坡社会历来重视家庭教育,很早就成立了为家庭教育提供咨询的家庭教育民众委员会。在学校法治教育中也非常重视与家庭教育的配合,保持与家庭的合作与联系。同时,借助社会团体、社区以及政府的力量建构青少年法治教育平台,经常性地为青少年组织各种法治教育活动。如,新加坡在全国设立了十几所

"警察与少年"俱乐部,俱乐部由所在地的警察署长与警员负责组织和开展各种富有趣味性的法治教育活动,不仅有效减少了青少年犯罪现象的产生,同时也培养了他们遵纪守法的意识。还如,社区重视对社区法治教育资源的整合,整治社区环境,营造青少年健康成长的良好社会环境,同时学校也会经常性组织学生到社区进行社会服务。

第三节 国外学校法治教育发展的趋势与启示

一、国外学校法治教育发展的几个趋势

尽管由于各国历史传统、政治文化及社会结构等不同,导致各国公民教育观的内涵及变迁路径不尽相同,但仍然可以看出国外一些国家的学校法治教育发展的几个趋势。

(一)教育目标着眼于公民整体素质的提升

各国学校公民教育对本国学生都提出了公民教育素质培养的目标,也包括法律素质培养的目标。反映在具体实施过程中,就是在重视公民社会所必需的法律知识、技能和品性的传授和训练的同时,还强调政治和道德原则的传授和价值引领。美国学校公民教育以培养"美国公民"为目标,法国则以将学生培养成为具有责任感和义务感的"自律性的公民"为目标,东亚的日本将"具有完美人格的人"作为其公民教育的目标,新加坡则将"好公民""新加坡人"作为公民教育的目标。各国公民教育的课程设置体现出公民教育的综合性,比如美国的"社会研究"课程中除了有"公民与政府"的相关内容,还包括历史、地理、社会学等。

(二)教育内容强调国家认同,选择与公民身份密切联系的内容

无论是西方国家还是东亚诸国,培养对国家的认同始终是公民教育的共同内容,这种对国家的认同不仅包括对本国现有政治经济制度的认同,还包括对本国(或本民族)历史文化的认同。在具体内容的选择上,主要是从公民身份出发选择学校法治教育的内容。这样做的目的是使学生加强对于自己公民身份的认

识,加深对于自身享有的公民权利与应承担的公民责任的理解,提高公民意识,养成符合公民社会要求的行为习惯。如美国公民教育中,国家认同的教育不仅体现在政治观教育、爱国主义教育中,还体现在社会规范教育中。在美国公民教育中,具有爱国主义精神被认为是一个合格的美国公民最基本的素质。美国甚至以法律的形式明文规定,每个大学生都要必修一门美国历史课,哈佛大学、弗吉尼亚大学等还都将其作为大学生的核心必修课程。此外,社会规范教育也是美国公民教育的重要内容。美国学校公民教育中,把守法宣扬为"好公民"的必备条件之一,教导学生了解美国的宪法和公民的基本权利,了解美国的政治制度,学习如何按照美国社会的政治、经济和道德规范行事,成为有责任感的公民,树立强烈的国家意识。当然,强调国家认同并不等于封闭孤立起来,相反,在全球化趋势不可逆转的当代世界,各国更加注重全球意识的培育。比如,1994 年全美社会科委员会推出的美国课程史上首个社会科课程全国标准《社会科课程标准:卓越的期望》(*Curriculum Standards for Social Studies: Expectations of Excellence*)中就将"全球教育"列为公民教育的主要内容,试图在继承历史传统精神的同时,将学生培养成具有全球开放意识的"世界公民"。同样的,为了应对国际化的趋势,日本文部省组织了教育特别委员会,该委员会在 1985 年至 1987 年出版了一系列研究报告。这些研究报告在主要关注国家认同方面的教育外,也关注培养作为国际社会中的日本人的认同感。新加坡在学校法治教育的内容选择上,更加倾向于选择与学生日常生活实际或社会实践相关的问题。

(三) 教育途径和方法多样并注重学生参与和实践

国外学校法治教育就课堂教育看都比较注重采取案例教学法等多样化教学方法的运用。如,美国的学校法治教育中,十分注重案例教学法和讨论式教学法的运用。在课堂上,教师常常引入一些争议性较强的公共问题和公共事件,通过案例讲解和讨论,引导学生关注社会,加深对法律、法治的认知。

法治教育是实践性很强的教育活动,只有与社会实践密切联系,法治教育才能丰富、生动,才能激发学生学习热情并通过参与社会实践综合地培养学生多方面的能力。在西方,参与实践的能力是学校公民教育目标的重点。这一点,法国、德国如此,英国、美国也如此。比如法国注意从学生的日常生活入手,让学生学会参与、学会尊重个体人权及相应价值观;美国更明确提出公民教育就是要培养具有参与社会和完善民主所需的理想、知识和能力的人。进入 21 世纪,美国进一步强化以参与能力为中心的公民教育,全美有 49 个州制定了自己的公民教育标准。而在东亚,虽然各国公民教育存在很大的差异,但在学校公民教育的目标中,逐步加强学生参与实践的能力也是一个基本趋势。在东亚的日本、韩国等国,公民教育虽然是以国家课程教学为主体,但实践活动的比例也在逐渐增加。自 20 世纪 90 年代中期以来,日本的公民教育开始注重实践,为保证培养体格健全的合格公民,突出了对学生意志力的锻炼和"生存能力"的训练。同处于东亚的韩国,近年来其公民教育在注重传授基本的公民道德知识的同时,也开始较为注重与日常生活相联系方面的养成教育,强调实践性,对学生进行行为规范的训练[①]。

二、国外学校法治教育发展对大学生法治教育的启示

国外学校法治教育发展中的以下两点可以为当下我国大学生法治教育变革与转型提供经验借鉴。

(一) 注重社会本位取向与个体本位取向的结合

纵观国外公民教育发展的历史,审视各国学校法治教育的现状,可以发现,虽然各国学校法治教育目的、内容、实现途径及方法迥然不同,但其逻辑起点或价值取向在本质上都指向了个人与国家、社会之间关系的定位。如果学校法治教育的价值倾向于关注国家和社会发展的需要,侧重于促进政治、经济和社会发展,这便属于社会本位的教育价值观;而倾向于关注个体知识与理智的发展,侧重于促进个性的完善,这便属于个体本位的教育价值观。从当下国外学校法治教育的发展看,在价值取向上呈现出以下两个特点。

一方面,国外学校法治教育的目标、内容、实现途径及方法等都以时代变迁、社会发展对公民的"规格"要求为导向。即使在受自由主义传统影响较深的国家,其学校法治教育也开始关注国家和社会发展的需要。特别是 20 世纪 90 年代以来,随着世界政治、经济格局的转变和国际文化交流的日益普遍,国外包括学校法治教育在内的公民教育理论开始逐渐由个人领域转向公共领域。各国普遍开始重视由国家直接主导的公民教育的发展。比如,从这一时期开始,美国学

---

① 姜英敏:《日韩道德课理念比较研究——文化冲突视角》,北京师范大学出版社 2003 年版,第 102 页。

校公民教育开始兼顾个人与社会的价值取向。在英国,1998年出台的《科瑞克报告》便提出要培养"积极公民"——培养公民民主参与的实践能力和品质,了解作为公民的义务、责任和权利,树立社会和个人的价值观。在英国的公民教育课上,学校经常向学生灌输个体利益和目标观念,努力将个人价值与社会价值相联系。另一方面,国外学校法治教育的目标、内容、实现途径及方法等又凸显人文性,关注学生个性完善与发展。即使是受共和主义影响较深的国家,其公民教育也开始回归人性,重视个性的完善与发展。比如,日本在20世纪70年代以后,引入美国提倡的"教育的人性化""以人为中心的教育"等"人性化"课程,导致了教学大纲的全面修订。德国"黑森宪法"对所有公立和私立学校规定:教育的目的是"塑造人的道德人格和职业能力,有自治的政治责任,尊敬、友爱、宽容、诚实正直的人性"。因此,追求个人与社会的和谐发展成为当下国外学校法治教育发展的一种新的价值取向。鉴于移民国家的特点,新加坡学校法治教育中,把社会和国家利益放在个人利益之上,要求坚持"国家至上,社会至上"。但是,这并不意味着新加坡学校法治教育中忽视个人和个人利益的存在,相反,在学校法治教育中也要求尊重个人,不同种族和宗教间要相互容忍,遇到矛盾时要求同存异,协商解决。

(二)坚持法治文化的传承与借鉴的统一

所谓传承,是指对本民族的法治文化传统的继承,就是要坚守本民族法治文化传统的"根";所谓借鉴,是指对其他民族、其他国家法治文化的吸收与学习。当今世界是一个多元文化并存的世界,不同的民族、不同的国家产生不同的文化,形成不同的价值取向。法治文化也不例外,不同类型和特点的法治文化之间的互动、交流是人类法治文明发展的重要动因,但也会在一定程度上消解民族传统法律文化的影响力,甚至引发民族传统法律文化的危机。在这一点上,国外典型国家在学校法治教育过程中,在坚持主导价值的同时又相互借鉴吸收,多元并存。比如美欧的一些国家,历史上形成了自由主义的法治文化传统,强调个人权利,其学校法治教育的价值选择,往往以权利导向为主流。而处于东亚深受儒家文化影响的日本,其国家主义(或民族主义)的传统,强调的是个体对国家的服从,其学校法治教育的价值选择以责任导向为主。但是,随着它们各自的经济、政治特别是文化的进步与发展以及相互交往的频繁和全球化的发展,它们又相互学习、借鉴、吸收对方。如美国的学校法治教育在始终突出美国式的民主、自由的价值认同这一根本目的的同时,对责任要求的比重出现回归的趋势。反观日本,其学校法治教育以责任导向为主的同时,权利教育的比重也有逐步增加的趋势。

上述情况表明,国外不少国家都非常重视学校法治教育,既加强从小学到大学法治教育的纵向衔接和配合,又重视横向社会法律资源的整合与利用,在加强校内法律课程教育的同时,又重视课外法律实践教育,形成立体化的教育模式。同时,可以看到这些国家的学校法治教育与其本国的法治化进程息息相关,与法治文化建设高度契合,既受到本国、本民族传统文化的影响而没有脱离自己的传统文化根基,又不断学习、借鉴、吸收世界法治文明进步的成果,保持开放性。这些无疑为我国大学生法治教育价值取向变革提供了重要的国际经验。

第六章
变革路向：与法治文化建设良性互动

价值取向决定行为选择。大学生法治教育要走出当下"困境"，实现自己的使命，除了在实施途径、教学手段和方式方法等技术层面做必要的改进外，从根本上说还需要将价值取向的变革贯彻到大学生法治教育的方方面面。当代大学生法治教育价值取向的变革就是要使大学生法治教育建立在对法治文化的价值选择上，使其从法律文化的器物层面提升到意识精神层面，这实际上体现的是一种文化自觉。真正使大学生法治教育建立在对法治文化的价值选择上，将法治贯穿于整个大学生法治教育的各方面和全过程，需要经历一个艰巨而复杂的过程，要经过许多中间环节。但就现阶段我国大学生法治教育发展的实际，本书认为应着重加强以下几个环节：首先，超越传统的"适应论"工具价值观，确立与法治文化相契合的科学的大学生法治教育价值观。其次，着眼于提高大学生法治素养，完善大学生法治教育的目标体系，努力提升大学生的法治信仰，优化大学生法治教育的内容结构。再次，走出单纯的目标评价和过程评价，建立以大学生成长、成才和发展为指向的大学生法治教育评价机制。最后，协调并处理好大学生法治教育与家庭、社会法治教育，大学生法治教育与道德教育，大学生法治教育与中小学生法治教育以及大学生法治教育自身不同发展阶段之间的关系，构建全方位、全过程育人的大学生法治教育联动机制。

第一节 确立与法治文化相契合的大学生法治教育价值观

教育价值观是"教育主体在教学实践及教育思维活动中形成的对'教育应

然'的理性认识和主观要求"①,是"教育思想家乃至整个民族长期蕴蓄和形成的教育价值取向的反映、体现和追求,是关于教育发展的一种理想性、精神性、持续性和相对稳定性的范型,具有导向性、前瞻性、规范性的特征"②。作为一种价值观念,教育价值观是人们有关教育价值的信念和理想,它在教育的实践领域中起着观念性的指导作用,影响着包括教育目标、教育过程和教育结果评价等教育全过程。

一、认识大学生法治教育的深层价值

当我们从法治文化与大学生法治教育的互动中思考大学生法治教育的价值取向时,我们对大学生法治教育价值取向的认识就不再仅仅停留在大学生法治教育间接地对大学生成长成才的影响这一表层价值,而是深入到获得大学生法治教育与法律文化的转型、与大学生的生存方式变革之间内在联系的深层次价值指导。这是实现当代大学生法治教育价值取向变革的一个基本前提。

大学生法治教育从价值存在的层面上思考,包括表层价值和深层次价值两个层面。大学生法治教育的表层价值,是指大学生法治教育对大学生成长、成才的促进,是通过社会政治、经济等中介间接影响实现的。比如,通过"个体的社会化",使大学生由"潜在的劳动力"转化为"现实的劳动力",进而实现大学生法治教育对"社会发展"的价值,同时通过社会发展又进一步实现提高大学生个体生存水平和促进大学生个体发展的目的。事实上,这种间接的影响作用基于这样一个观念前提:社会生产和社会生活具有直接促进人的发展的价值,而教育包括大学生法治教育则只具有间接地促进人的发展的价值。在这样的观念下,法治教育关注的重心便有可能被放在特定的法律知识的获得、特定的法律能力的培养和某些方面法律行为方式的养成等方面。这些法律知识、法律能力等素养的获得,并非没有促进大学生成长、成才的发展价值,但它们与大学生的发展关系是间接的,而且往往是外在于大学生自身存在的形态出现的。大学生法治教育的深层次价值,意味的是其与大学生的生存和发展有着直接联系。大学生法治教育可以通过对大学生生存的关注,实现直接地促进大学生发展的价值。也就是说,大学生法治教育具有直接维护大学生"存在"、关怀大学生成长和发展的

---

① 眭依凡:《简论教育理念》,《江西教育科研》2000年第8期,第9页。
② 转引自刘献君:《行业特色高校发展中需要处理的若干关系》,《中国高教研究》2019年第8期,第15页。

深层次价值。它除了通过培养潜在的劳动力和未来的建设者,通过具体的社会生产与社会生活来使人获得幸福和满足外,在更深的层次上还直接关怀大学生的生存和发展,实现人的自由全面发展。

关注大学生法治教育深层次价值,从一定意义上讲,就是要求我们关注大学生法治教育与当下我国法治文化建设以及其与大学生生存方式变革之间的内在联系。现实的大学生法治教育是否关注到其深层次的价值,对大学生法治教育活动的有效开展具有根本性意义。如果大学生法治教育只关注于获得法律知识、培养法律能力等表层价值,缺少深层次价值的指导,虽然也能在一定程度上提高大学生的法律素质,却很难获得对大学生个体自觉的本源性的促进。因此,只有把关注的重心转向深层次价值,才能使大学生法治教育的表层价值深入到大学生个体之中,才能从根本上提高它的实效性。

二、确立科学合理的大学生法治教育价值观

现代法治教育所秉承的教育价值观是与法治文化一脉相承的,强调教育社会价值与个人价值相统一,最终服从和服务于人自身的自由和全面发展。因此,与法治文化相契合的大学生法治教育必然是超越"适应论""以人为本"为出发点的教育;必然是着眼于提升大学生综合素质,促进大学生全面发展的素质教育;必然是全方位开放的、不断与时俱进创新进取、引领整个社会法治新风尚的教育。

(一)确立"以学生为本"的大学生法治教育价值观

"以人为本"的"人"绝不是抽象的,就大学生法治教育而言就是要将"以学生为本"作为其全部活动的出发点。

首先,"以学生为本"体现了大学生法治教育的本质特征。教育理念之于教育活动,往往能从深层次上反映教育的价值取向,是教育活动的基本指导思想。"以人为本"是科学发展观的本质和核心。教育的对象是人,"以人为本"就是要求我们注意研究人的本质、人的需要、人的思想观念和人的发展,要求我们必须充分尊重人的主体地位,满足人的基本需要,激发人的创造潜力。无论是"办什么样的教育,如何办好教育""培养什么人,怎样培养人",还是"靠谁治校,如何治校",都离不开"人"这个核心主体。就大学生法治教育而言,这里所涉及的"人"包括学校管理者、教职工和大学生三个方面,其中,大学生自然处于核心地位。

大学生法治教育要"以学生为本"作为基本价值理念,这是其科学发展的必然要求,也是大学生法治教育本质特征的体现。在大学生法治教育实践中,就要求我们必须深入研究大学生的思想、观念,把握大学生的生存状况和发展需要,突出大学生在法治教育中的主体地位,鼓励学生自我教育、自我成长和自我完善。

其次,"以学生为本"也符合现代法治教育的内在要求。在现代社会,法律以其规范、稳定等特点和所具有的认识、调节、教育和激励等功能成为调整社会关系的首要规范。法律存在于阶级社会,在人类社会发展的历史进程中,为了维护社会秩序,协调各种利益关系,统治阶级总是以某种思想观念、行为准则为指导,制定并推行某些法律规范。而要使这些观念、准则和规范发挥作用不外乎两个途径:一是依靠国家机器强制推行,使社会成员按照国家所提倡、实施、推行的思想观念、行为准则行事,履行法律责任和义务;二是通过教育,让社会推行的思想观念、行为准则及法律规范深入人心,并内化为人们的行为习惯,成为人们的行为方式。在这两个途径中,通过国家机器强制推行,虽然是必要的,也具有一定的作用,但这种单纯的"压服"并不起决定性作用。真正起决定性作用的还是教育,只有通过教育使外在的他律转化为内在的自律,才能真正"心悦诚服",形成行为习惯,自觉为之。与法治文化契合的现代法治教育,内在地要求以"以学生为本"作为基本教育理念。"法治文化是指融注在人们心底和作为行为方式中的法律意识、法治原则、法治精神及其价值追求。一个国家的法治文化,就是这个国家的法律制度、法律机构、法律设施体现出的文化内涵和公民日常生活、工作中所持有并遵循的法律价值观为核心的心理意识与行为方式。"[①]

最后,把"以学生为本"作为大学生法治教育的出发点也具有客观的现实基础。中华人民共和国成立七十多年,特别是改革开放四十多年来,随着经济的快速发展,民主政治建设不断进步,尤其是依法治国的大力推行,大学生法治教育已得到了长足的发展,在培养目标、教育内容和方式及实施等方面不断探索、深化,取得了很大的进步。反映在法治教育观念上,一个根本性的变化就是传统的由教师传授法律知识、学生被动接受教育的"教师中心论"正在消弭,而重视学生主体性,一切从学生的发展需要出发的一系列新观念、新机制逐步确立,这为大学生法治教育充分发挥学生主体作用、坚持"以学生为本"提供了基本前提。同时,从大学生群体本身来看,他们正处于身心快速成长成熟的时期,自主意识强,

---

① 刘斌:《法治文化论集》,中国政法大学出版社 2007 年版,第 19 页。

渴望得到尊重和人格的平等对待。加之,他们又拥有较高的文化知识水平、活跃的思维和较强的创新意识,因此他们对外部单向"灌输"和强加的教育往往接受度低,甚至产生逆反心理。青年学生更希望自己成为学习的主人,通过平等对话和亲身实践,体验和接受教育。这就要求我们在大学生法治教育实践中,充分尊重大学生的主体地位,鼓励他们积极主动地参与教育、接受教育,在自我教育中体验价值感、成就感,这样更符合大学生群体的特点和需要,也更能发挥法治教育的作用。

(二)确立全面、协调、可持续发展的素质教育价值观

与法治文化相契合的大学生法治教育价值观是全面发展的素质教育价值观。

在我国,素质教育在国家层面被广泛提及一开始主要是针对中小学阶段的基础教育的。素质教育从中小学扩展到高等教育是 1999 年中共中央、国务院发布《关于深化教育改革全面推进素质教育的决定》,该决定明确:"实施素质教育应当贯穿于幼儿教育、中小学教育、职业教育、成人教育、高等教育等各级各类教育,应当贯穿于学校教育、家庭教育和社会教育等各个方面。在不同阶段和不同方面应当有不同的内容和重点,相互配合,全面推进。"[①]通常,素质教育的根本目的是依据人的发展和社会发展的实际需要,全面提高受教育者的基本素质,其根本特征是尊重受教育者的主体性、主动性,注重开发学生的智慧与潜能,使学生形成健全个性和人格。因此,素质教育注重在教育过程中由知识向能力,再由能力向素质的转变。

素质教育体现的是"以人为本",促进人的自由全面发展为宗旨的教育理念。一方面,在宏观上,它是"以提高国民素质为根本宗旨"的国民教育,注重的是民族整体素质包括整个民族的思想道德素质和科学文化素质的提高,根本目标是为了增强包括民族凝聚力在内的整个国家的综合国力。另一方面,在微观上,它又是以促进每一个受教育者在德、智、体、美、劳等多方面的全面发展,培养和造就全面发展的高素质的人才为己任的。就大学生法治教育来说,就是要将法治素养当作大学生实现全面发展的综合素质中所必不可少的重要组成部分看待。这就需要进一步明确,大学生法治教育不是专门针对法律专业学生所进行的法

[①]《中共中央、国务院发布关于深化教育改革全面推进素质教育的决定》,《中国高教研究》1999 年第 Z1 期,第 3 页。

学教育,而是面向所有在校大学生所进行的通识教育、素质教育。这就需要大学生法治教育进一步采取"多育并举、整体育人"的教育方略,在传授法律知识、培养法律技能的同时,更要注重法律素质、法治素养的提高。树立全面发展的素质教育价值观,大学生法治教育才能培养出既符合法治社会发展需要又符合大学生自身生存和发展需要的合格人才。

与法治文化相契合的大学生法治教育价值观是系统性与多样性并举的协调发展的教育价值观。所谓系统性,就是指大学生法治教育不能孤立运行,而应该与多项教育机制相结合方能有效实现。这些机制包括:课堂法律知识传授与课外法治教育实践相结合;法治教育与思想道德教育相统一;学校法治教育与家庭法治教育和社会法治教育相配合。加强和改进大学生法治教育工作,不只是高校和教育部门的事,家庭、社会各个方面都要一起来关心和支持。只有学校、家庭和社会多管齐下,分工合作,才能形成一种有利于青年学生身心健康发展、茁壮成长的宏观环境。学校作为对大学生进行法治教育的主要阵地,理应把法治教育作为学校德育工作的重要内容来抓,科学地规划大学不同阶段学生法治教育的具体内容,教好书的同时育好人,全面推进素质教育;通过发挥教师为人师表的作用,把遵纪守法教育渗透到学校教育的各个环节。家庭作为大学生接受道德教育、法治教育的重要场所,对大学生的法治意识启蒙、法治行为引导发挥着重要作用。社会是对大学生进行法治教育的大课堂,社会各方面包括政府有关部门、司法机关、有关社会团体乃至居委会、村委会等,都有着义不容辞的责任。大学生法治教育工作必须坚持系统性原则,建立"学校—家庭—社会"三方良性互动的大系统,三者相互配合、相互促进、相互衔接,充分发挥法治教育的整体育人功能。

同时,法治教育内容也具有系统性,要提高法治教育的效果,必须在法治教育的系统性上下功夫。比如,结合中国特色社会主义法治体系和中国特色社会主义法治理念,首先要把宪法教育作为法治教育的基础性工程,让崇尚宪法、遵守宪法、维护宪法权威的种子在大学生心中生根、发芽,为认真贯彻宪法打下坚实的基础。其次是联系大学生的生活实际进行民法、民事诉讼法、刑法、刑事诉讼法等法律法规教育,使大学生形成严格依法办事的习惯和依法维护自身合法权益的意识。最后是结合大学生的专业特点和即将走上工作岗位、踏入社会的实际进行专业相关法律法规教育及劳动、社会保障等方面的法律法规教育。当然,强调系统性不等于一味强调统一或一刀切,相反,系统性必须与多样性相协调。因为身处一个日益多样化的现代社会,社会结构高度分化、社会生活日益复杂多变、价值取向更加多元并存,这必然导致教育包括法治教育也呈现多样化发展的新态势。不仅办学主体多元,教育目标多层次,而且教育形式、手段也日益多样灵活,法治教育需求也越来越多样化了。这一方面对我们的教育教学过程的设计与管理提出了新的要求,要求其能够提供更加宽松的社会政策法规体系与舆论环境氛围;另一方面又要求教育者必须尊重受教育者个性和差异,针对学生不同的个性特点因材施教,组织教学内容、选择教学方法和评估标准。

与法治文化相契合的大学生法治教育价值观是可持续发展的长期教育价值观,法治文化的塑造和形成也是一个长期的任务。与此相适应,法治教育也同样是一个长期的任务。只有坚持不懈地进行法治教育,才能使全社会形成守法的氛围,才能促使社会成员养成法治的行为习惯。大学生法治教育属于学校法治教育系列,除了要处理好与中小学生法治教育的衔接,其自身也具有长期性。这种长期性,体现在大学生法治教育应该贯穿于学生大学生涯的全过程,而不应该只局限于某一特定时期或阶段。换句话说,大学生法治教育应该成为大学教育的一种常态,要求高校对大学生坚持长期持续地进行法治教育。要做到这一点,就必须要让大学生法治教育伴随大学教育的每个阶段,使其贯穿于新生入学教育、专业教育、学生思想政治工作及日常行为规范养成的普法教育、就业求职期间的职业相关的法治教育等。也就是要使大学生法治教育体现在从新生入学开始一直到毕业离校的全过程,并使这种教育影响受教育者一生。

(三) 确立全方位的开放式、创新性教育价值观

现代信息技术的快速发展,正在逐步改变生产、生活方式,加速社会转型,对学校教育所培养的人才无论在知识、能力还是素质等方面提出了更高的要求。在高度信息化的社会中,学校教育正逐步打破原先那种封闭式的教育格局,取而代之的是一种全方位开放式的新型教育。今天,高校大学生法治教育所面对的社会环境,无论是社会大环境,还是学校小环境都是开放的,原先试图将学校教育置于理想或纯粹的环境的各种"围墙"越来越形同虚设。大学生获取知识的渠道和实践经验积累的途径和方式,甚至各种法律观念的确立,将更多地来自社会。由此,社会上各种不同的思想观念、价值取向乃至利益诉求,各种是是非非,都不可避免地对大学生思想认识、价值观念和生活实践产生这样或那样的影响。加之,随着信息技术的高度发展,网络以其开放性、提供的信息的海量性以及信

息获取的便捷性等特点和优势,使大学生接收信息的主动性、积极性和选择性大大增强。在互联网上,充斥着各种不同的政治观、道德观和文化观。面对这样一种高度开放、价值多元的社会客观现实,学校教育包括高校大学生法治教育若关起门来仍然沿用传统的封闭的教育模式运作,忽视学生的主体性,必将严重脱离实际。

大学生法治教育树立全方位开放式的教育价值观,必须将开放性要求体现于教育目标和内容、教育过程和方式、教育评价和教育资源整合等各个方面。教育目标和内容的开放性,即要求法治教育的目标必须多元,有总体目标,也有具体目标;有知识目标、技能目标,也有情感、态度、价值观目标;法治教育内容必须多样,能联系学生的生活实践,以更加丰富多彩的内容满足大学生的多样化需求。教育过程和方式的开放性,即要求法治教育从课堂向实践、从线下向线上、从学校向社会延伸,采用多样化的教学手段特别是现代化的教学手段。教育评价的开放性,即要求法治教育打破单一的只重结果的文本考试评价模式,确立多元复合的新型评价机制。教育资源的开放性,即要求在学校法治教育活动中充分开发和利用各种资源以激活教育实践,也包括对家庭教育、社会教育等广义教育资源的利用与整合。

创新是我们这个时代的重要特征,在科技革命和知识经济快速崛起的条件下,对教育的创新性要求从来没有像现在这么强烈过,创新教育早已成为关注的焦点。素质教育要培养的全面发展的高素质的人才不能缺少创新精神和创新能力。同时,教育的创新性不仅是一种能力方面要求,也是个体人格的重要组成部分,体现为创新。大学生法治教育同样必须树立创新教育价值观,在法治教育过程中注重培养大学生的创新思维、创新意识、创新能力,同时还应致力于培养大学生的创造性人格,培养学生的意志坚强、富有进取心、独立自主等良好的品质。

第二节 完善大学生法治教育的目标体系、内容结构和评价机制

一、完善大学生法治教育目标体系

法治和法治国家的实现不是一蹴而就的,也不是天然生成的,需要人去建

设,法治文化的培育就是一个基础性、长期性的工作。培育法治文化的目的是为法治国家建设奠定相应的社会文化意识基础,法治文化培育的客观结果是整个社会法治意识的确立,具体体现为每个人的法治素养的提升。法治素养是一个融法治知识、法治意识和法治行为习惯等于一体的综合性范畴,法治素养的培育不只是单纯的法律知识的传递,也不只是纯粹的法律意识或观念的确立,而是法治综合素质的提高。因此,法治文化视域的大学生法治教育也必然要以提升大学生的法治素养为根本目标,法治素养是实现大学生法治教育社会价值与个人价值统一的连接点。

(一)把提升大学生法治素养作为根本目标

从一定意义上讲,一个社会能否建立起法治,很大程度上取决于这个社会的成员有无尊崇法治的心理,是否培养起了追求法治的信念。可以说,只有建立起尊崇法治的法律文化——法治文化,法治才会有希望实现。"没有落实到每个人的观念和行动中的尊崇法治的法律文化的支撑,任何法治都不可能横空独立。"[①]培育法治文化的目的,就其本质来说就是追求法律的社会价值与个人价值的统一,而从人的发展角度讲就是追求社会发展与个人发展的统一。社会发展与个人发展的关系不仅是社会历史哲学研究的问题,也是教育发展和教育价值观的一个基本问题。追求社会发展与个人发展的统一,是当下教育发展中一个普遍的认识。大学生法治教育当然也要追求社会发展与个人发展的统一,但究竟如何实现这种"统一"?关键还是要找到这种"统一"的关联点。从法治文化培育的角度看,法治文化培育的目的不仅仅在于让人们知法和守法,而是在于尊法、崇法和用法,将法作为一种普遍的心理和行为习惯,换句话说,就是提升人们的法治素养。

素质教育的一个显著特征就是着眼于全面提高学生的综合素质。大学生法治教育属于素质教育的范畴。培育法治文化,提升大学生的法治素养,基本途径是教育。在现代社会中,法律已遍布经济、政治及社会生活各个领域,法治素养也已成为公民必备的基本素质。法治社会需要公民具备的法治素养不仅仅指通过掌握、运用一定的法治方面的知识乃至法治技能,也不仅仅指拥有一定的法治意识,而是融法治知识、技能、意识乃至信仰为一体,并落实于每个人的行为习惯

---

① 刘军宁:《共和·民主·宪政——自由主义思想研究》,上海三联书店 1998 年版,第 171 页。

的综合素质。因此，就大学生而言，法治素养就是其通过掌握一定的法律知识、法律技能并将这些知识、技能内化而形成的相对稳定的心理品质，这种心理品质又外化为大学生的行为方式，成为规范和约束自己的行为、调控自己与他人、与学校及社会之间的关系的行为准则。培育大学生法治素养是大学生法治教育理应承担的重要使命。

由此，法治素养是一个融法治知识、法治意识、法治能力和法治行为等为一体的概念。法治知识是人们在不断的社会实践中所获得的对法律及法律治理的认识和经验的总称，是人类对法律现象和规律不断探索和追求的结果。法治知识包括法的基本理论、法律规范、法律制度、法的渊源、法的历史等多方面的知识。法律知识可分为一般法律知识和专业法律知识，前者是作为一个公民在日常生活中应当具备的以免作出违法犯罪行为的法律常识；后者指从事某种职业的人所应当具备的专业性的法律知识。对大学生法治教育来说，其要求大学生所应掌握的法律知识当然首先是指前者，但也包括专业需要的、为职业准备的法律知识。法治意识是社会意识的一种特殊形式，它"是人们的法律观点和法律情感的总和，其内容包括对法的本质、作用的看法，对现行法律的要求和态度，对法律的评价和解释，对自己权利和义务的认识，对某种行为是否合法的评价，关于法律现象的知识以及法治观念等。"[①]从构成来看，法治意识由法治心理、法治思想观念和法治信仰等几个相互联系同时又是由低级向高级递进的多层次的复杂系统构成的。法治心理属于人们对法律现象的感性认识，是人们在日常生活中自发形成的一种对法律和法律现象的直观认识，尚未上升到系统化的理论层面。法治思想观念则是人们在对法治和法治现象感性认识的基础上，逐渐形成的系统化、理论化的思想观点。法治信仰则是人们对法律深信不疑和确信服从的一种价值取向，表现为人们对法治的信服感、依归感。当然，这里所说的法治行为是就一般意义而言的，是指所有符合法治要求的行为。法治行为与法律行为是有区别的，法律行为指的是所有具有法律意义的行为，可能是法律所允许和要求的合法行为，也可能是法律不允许、不符合法律要求甚至为法律所严格禁止的违法行为。

因此，法治文化视域下的大学生法治教育的价值目标并非只限于单纯的法治知识的传授，也非单纯的法治意识的培育，更非单纯的法治行为要求，而是集

---

① 李茂管：《试论社会主义法律意识》，《学习与探索》1983年第3期，第63页。

法治知识、法治意识、法治能力和法治行为于一体的法治综合素质。

（二）以法治素养为核心，完善大学生法治教育目标体系

长期以来，由于受工具主义教育观念的影响，我国高校大学生法治教育被当作普及法律基础知识的知识性教育看待。这在中华人民共和国成立初期法治初创及改革开放之初法治恢复时期还有其合理性的地方，但当我国进入社会主义法治建设的新时期，特别是学校法治教育系列化后，在中小学生法治教育与高校大学生法治教育已有较明确分工的情况下，大学生法治教育仍然以普及法律基础知识作为教育目标显然就不合时宜了。它把法律知识灌输作为目标，而忽略了主体——大学生的法治需要和发展要求，忽略了法律制度背后的价值与精神特别是法律之于人的意义，从而导致大学生法治教育与法治文化培育相脱节，进而导致其实效性低下。正因为此，"培养学生树立社会主义法律意识，增强法治观念"被作为学校特别是高校法治教育的核心。然而，以培养大学生社会主义法治意识为核心并不意味着大学生法治教育的目标就是纯粹的意识教育或观念教育，虽然大学生法治教育有观念教育的成分，甚至观念教育如法治意识乃至法治信仰教育还理应成为其核心，但如果不顾具体社会场景一味突出法治观念、法治意识教育，便有偏离教育根本目标的可能。

高等教育的对象是人——成长中的人——即将步入社会的人——大学生，其教育目标是要不断提升人的地位，发现人的价值，发掘人的力量和发展人的个性，也就是以追求人的发展为目标。作为高校大学生思想政治教育重要内容的法治教育，其目标自然要围绕大学生的发展需要，提高大学生的法治素养。以提升法治素养为目标，这意味着大学生必须拥有现代社会生活所必需的基础性法治知识，意味着大学生必须学会运用法律的一般性技能，意味着大学生必须具有较强的法治素养观念和意识，意味着大学生必须将习得的法治知识、技能和拥有的法治素养意识体现于日常的行为习惯之中。

为此，必须在法治教育的总体教育目标下细化具体教育目标，如法治知识目标、法治技能目标以及法治观念意识目标等。比如，法治知识目标就要细化和明确为对所有大学生的一般知识要求方面的目标和各种不同专业特殊知识要求方面的目标；法治技能目标，这里的"技能"当然不是指法律职业技能，而是对法治社会的普通公民基本要求的法治技能，必须细化和明确为获取法律信息的技能、运用法律维护合法权益的技能等；法治观念意识目标，必须细化和明确为一个普通大学生、一个即将走上社会的大学生到底应该具备哪些法治观念意识。

二、优化大学生法治教育内容结构

不同的法治教育价值观决定了法治教育内容的不同选择。传统的"适应论"工具理念下的法治教育内容与"统一论"目的理念下的法治教育内容有着根本的不同,与前者对应的是以"文本"为中心的内容结构模式,而与后者对应的则是以"人本"为中心的内容结构模式,它们代表的是两种根本不同的内容结构模式。

(一)选择和确定大学生法治教育内容的基本原则

在一定意义上,法治教育的内容直接反映着法治教育的价值取向,影响着法治教育的成效,是法治教育的核心问题之一。从原则上说,所有法律的理论知识与规范表述均为法治教育内容的范畴。然而,法学知识体系具有高度庞杂性和系统性,同时又具有较强的专业性。正因为如此,即使是法律专业人员也难以做到精通所有的法学知识。由此,法治教育尤其是学校法治教育,其内容的针对性就显得尤为重要。就大学生法治教育而言,其内容在总体上规定了大学生法治教育涉及的范围和性质,蕴涵着法治教育的目的和任务,是大学生法治教育目标的具体化。在不同历史时期,适应不同历史任务的需要,大学生法治教育的内容也是不断更新和完善的。

要科学选择大学生法治教育内容,充分发挥大学生法治教育最佳功能,更好地实现教育目标,大学生法治教育的内容结构就需要不断优化。大学生法治教育内容结构优化,是指根据大学生法治教育目标的要求,对构成大学生法治教育内容的各个要素进行合理配置,使之相互衔接、彼此渗透,以实现诸内容的有机整合及协同发展。

法治文化视域的大学生法治教育,其内容须围绕"法治"展开,必须体现法治文化的价值诉求,将社会发展与个人发展、社会价值与个人价值统一起来。为此,大学生法治教育内容的选择与确定必须遵守以下几个原则。

第一,法治知识、法治意识、法治行为技能相统一原则。法治素养是包含法治知识、法治意识和法治行为技能等三个主要层面,是这三者的有机统一。所以,以培养法治素养为目标的大学生法治教育,也必然包括法治知识教育、法治意识教育和法律行为技能教育。坚持法治知识、法治意识、法治行为技能相统一原则,也是大学生法治教育适应当今世界发展趋势之要求。虽然在法治素养教育实施中，法治知识教育、法治意识教育和法治行为技能教育三者都是不可替代的重要内容，但国内外学校法治教育发展的实践表明，这三者并非是被同等看待和予以同等重视的。以往的学校法治教育相关的教育在许多国家里主要集中在法律知识层面，关注于有关基本事实和概念的知识和理解[①]。但是，当代世界各国的学校法治教育相关的教育发展总体上都以培养参与型的公民为目标[②]，已经改变了原先仅重视法律知识教育而忽视法治意识、法治行为技能教育的局面，在某种意义上实现了法治知识传授、法治意识形成和法治行为技能培养的有机结合。由于我国大学生法治教育是伴随着全民普法教育而展开的，因此其内容更多地偏重规范性知识层面，而忽视法治意识更谈不上法治行为技能的培养。因此，为使我国大学生法治教育健康发展，在教育内容的选择与确定上，就不能搞"单打一"，必须坚持法治知识、法治意识、法治行为技能相统一原则。

第二，权利与义务相一致原则。在法治社会，所谓的权利是指公民依法享有的权能和利益，表现为享有权益的公民有权依法作出一定行为和要求他人作出相应行为的资格。所谓的义务是指公民依法应当履行的责任，表现为负有义务的公民依法必须作出一定行为或不作出一定行为。公民的权利和义务是一个不可分割的统一整体，两者既相互对立又相互统一，双方构成不可分离的矛盾统一体。一方面，权利表征的是自由和利益，义务表征的是限制和负担，因而是两个相互排斥的对立面；但另一方面，权利与义务又相伴而生、相互渗透、相互包含并在一定条件下相互转化。因此，坚持权利与义务相一致原则，首先就是要认清权利与义务之间的相互依存关系，不能将它们割裂开来。正如黑格尔指出的："每一方只有在它与另一方的联系中才能获得它自己的（本质）规定，此一方只有反映另一方，才能反映自己。另一方也是如此；所以，每一方都是它自己的对方的对方。"[③]同时，坚持权利与义务相一致原则还要注意到，在不同的法律文化下，权利与义务究竟何者为第一性因素何者为第二性因素的回答是不同的。在传统法律文化下，法律只是专制统治的工具，义务成为法律之中心观念和第一性因素，其内容多为禁止性规定和义务性规定，且民刑不分，说到底是一种"义务本位"观。而法治社会里，社会成员皆为权利主体，都平等地享有各种权利，而在权

[①] J. Cogan and R. Derricott, *Citizenship for the 21st Century: An International Perspective on Education*, London: Kogan Page, 1998, p.26.
[②] 赵晖：《社会转型与公民教育：中国公民教育目标与内容体系的建构》，人民教育出版社2007年版，第169页。
[③] 黑格尔：《小逻辑》，贺麟译，商务印书馆1980年版，第254—255页。

利和义务的关系上,权利被看作是目的,而义务只是手段,权利是第一性因素,义务是第二性的因素。因此,法治文化是一种"权利本位"的文化。我国是有着两千多年封建专制统治历史的国度,"义务本位"的传统法律文化下,法律纯粹是统治阶级统治、压迫人民,维护其专制统治的工具,个人权利与自由不被关注和重视,人身的依附关系使其缺乏独立人格。因此,建设社会主义法治国家,培育社会主义法治文化就必须在权利与义务关系的理解上树立"权利本位"的意识,唤起民众的主体独立意识,实现个体的解放。大学生法治教育就是这种努力的组成部分,因此,在选择和确立大学生法治教育内容时,既要考虑权利与义务的一致性,又要突出"权利本位"的重要性,防止权利义务上的各种"缺位"和"越位"现象的发生。

第三,理论与实践相结合原则。理论知识是概括性的、高度抽象的知识体系;社会实践是人们改造自然和改造社会的有意识的活动。实践需要理论作为指导,理论的掌握是实践的前提和基础。实践是学生加深对理论的理解过程,是将抽象的理论知识具体化的过程,是解决问题促进学生整体能力发展的主要途径。因此,理论与实践是相互依存而又相互影响的,只有相互作用才能促进大学生提高解决问题的能力。大学生法治教育本身就是一个以马克思主义法学理论为基础,以毛泽东思想、邓小平理论、"三个代表"重要思想、科学发展观及习近平新时代中国特色社会主义思想为指导的。我们必须通过法治教育课堂向大学生介绍有关马克思主义法学的立场和基本观点,领会我国现行法律的基本精神,鼓励学生用正确的立场、科学的方法思考法理、关注中国法治进程中的热点问题,对大学生的一些偏激的言行做正面引导,这事实上就是发挥法治教育的理论教育功能。但是,学法的目的是用法,是将用法意识上升为法治行为,进而形成法治行为习惯和生活方式,而这仅仅依靠理论教育是远远不够的,必须坚持理论与实践相结合原则,就要继续注重实践教学环节,让学生广泛接触现实社会,在结合社会现实问题中进行法治教育,提升法律素质。

(二)以法治信仰培育为依归,优化大学生法治教育内容结构

法治信仰可以说是法治文化的灵魂,社会成员的法治信仰是建设法治国家的前提,是培育法治文化的精神源泉,是维系法律生命的文化因素。大学生法治教育的内容结构包括了法治知识层面、法治技能层面以及法治行为实践层面等多个层面,但不是这几个层面的简单"拼盘",它们共同的依归是法治信仰。也就

是说，大学生法治教育各方面的内容都是从帮助大学生将这些内容内化为自己的一种理念和精神追求，再外化为行为体现出来的。

根据上述原则，大学生法治教育内容体系可从以下几个方面展开。

第一，法治知识层面。法治知识包括法学理论知识和法律规范知识两个方面，就大学生法治教育内容来说，必须围绕法治知识来选择和确定。从法学理论知识看，主要包括法治精神、法治观念特别是法治理念；从法律规范知识看，主要包括三个方面：一是作为一个公民所必需的法律规范知识。法治文化的基础是市场经济和民主政治，法治教育首先是要进行融入市场经济、参与民主政治的基本法律知识教育，比如宪法、民法、刑法、诉讼法等。二是作为一个新时代大学生所必需的法律规范知识，比如知识产权法、网络法律法规等。三是作为专业需要和职业准备的法律规范知识，比如劳动法、劳动合同法、社会保障法以及不同职业的基本法律规范。

第二，法治技能层面。所谓技能，通常是指经过训练的基础上形成的按某种规则或操作程序完成某种智慧任务或身体协调任务的能力。一般认为，法律技能是从事法律职业的专业人员所必须具备的职业能力，是一种将法律知识和经验综合运用于实际工作的能力，而非法律专业人员则没必要具备法律技能。因此，人们将法律技能完全等同于法律职业技能，而事实上，法律技能是一个含义更为宽泛的概念，除了指称法律职业技能外，也可指称一般的公民法律技能，包括公民参与国家管理、参与社会行动、参与公民组织等作为法治社会一员所需要的技巧和能力。因此，这里所指的即是一般的公民法律技能，也可称之为公民法治技能。公民法治技能主要包括两个方面：一是公民参与法治社会生活包括经济生活、政治生活和社会生活的技巧和能力，如拟定契约签订合同等一般技能；二是公民当合法权益遭受侵犯时运用法律武器维护自身正当权益的技能，如寻找法律规范性文件、寻求法律援助等技能。

第三，法治行为实践层面。大学生的思维方式、接受教育的途径等随着时代的发展变迁都已发生了巨大的改变。法治教育要获得大学生的认同和喜爱，就不能仅仅停留在课堂上和宣传上，必须落实到一系列法治教育实践活动中去，融入大学生的日常生活中去，让大学生在实践中学习、体验，在实践中锻炼、提升法治素养。由此，从校内法治实践教育看，一方面必须创设校内法治教育实践平台，比如，在高校中在法律老师的指导下成立大学生法治实践社团，在高校法治实践中起模范带头作用；设立高校法律咨询和法律援助服务机构，向学生提供法治实践机会,为师生提供法律服务,维护合法权益;针对互联网的普及,为大学生沟通和了解信息开辟网络法治实践教育平台。另一方面必须开展灵活多样、贴近社会实际、贴近学生生活的第二课堂法治教育活动。在高校,对大学生进行的法治教育除了课堂教学外,第二课堂具有不可替代的作用。它可以通过丰富多彩的法治教育活动,营造出法治氛围,调动大学生积极参与、身临其境,培养其法治意识。在校内,可以通过举办法律知识讲座、法律咨询、法律知识竞赛、模拟法庭等灵活、生动的主题活动,寓法律知识、法律观念于活动中,起到事半功倍的教育效果。而从校外法治实践教育看,大学生法治教育不应局限于课堂和校园,需要动员和发挥全社会的力量,积极参与和配合,既要"请进来"还要"走出去",即一方面重视校外法治教育的实践基地建设,与政法部门加强合作,聘请一些法律实务部门拥有丰富实践经验的人员进高校为大学生开办法治讲座;另一方面组织学生参加法庭旁听、参观监狱,尽可能地为大学生开辟生动直观的校外法治实践教育活动,组织学生走出校门,进入社区进行法治宣传和法治调查研究等法治实践活动,提高大学生法治实践能力,培养大学生的社会责任感。

三、建立发展性法治教育评价机制

(一) 走出单纯的目标评价和过程评价

评价活动是一种价值判断活动,教育评价活动同样是一种对教育活动现实的或潜在的价值所进行判断的活动。也就是说,教育评价是"根据一定的教育价值观或教育目标,运用可行的科学手段,通过系统地收集信息资料和分析整理,对教育活动、教育过程和教育结果进行价值判断,为提高教育质量和教育决策提供依据的过程"[①]。

教育评价涉及范围广泛,但依据价值取向不同,大体上有目标取向的评价、过程取向的评价和主体取向(发展性教育)的评价三大类。目标取向的教育评价就是预定教育目标并把它作为教育评价的唯一标准,从课程教学看,就是把教育评价视为将课程计划或教学结果与预定课程目标相对照的过程。过程取向的教育评价则着眼于课程实施及教学运行全过程的评价,它将教育过程中的全部情形都纳入评价的范围。主体取向的教育评价就是将评价看作是评价者与被评价

[①] 田中耕治:《教育评价》,高峡等译,北京师范大学出版社2011年版,第1页。

者、教师与学生共同建构意义的过程①。也就是说,无论教师还是学生都是评价情景中平等的主体,教育评价被看作是一个评价者与被评价者之间的"交互主体"共同参与、协商和交往的过程。

现实的教育实践活动中,目标取向的教育评价由于其指向明确,评价具有"客观性""科学性",带有"标准化"的特点,又简便易行,深受教育者尤其是教育管理者的青睐。但是这种教育评价就其本质而言是受"科技理性"或"工具理性"所支配的,所以,说到底其核心是追求对被评价者(对象)的有效控制和改进。由此,它必然忽视被教育者的"主体性"存在,形成所谓的"主体客体化"的现象②。而过程取向的评价则试图使评价走出预定教育目标的藩篱,更多地关注教育过程本身的价值和教育者与被教育者的交互作用。这就将教育评价看作是一个价值判断过程,开始将人在整个教育过程中的具体表现作为教育评价的主要内容,从而体现了对人的主体性、创造性的某种程度的肯定与尊重。显然,这种评价取向本质上是受"实践理性"所支配的,强调的是过程本身的价值。但它从根本上讲并不足以完全走出目标取向评价的藩篱,对人的主体性的肯定也不够彻底。正因为此,现代教育评价理论更多地主张采取主体取向的评价。主体取向评价的基本前提或基本特征是承认评价和评价过程价值的多元性,尊重主体间差异,关注对评价情境的理解。总之,它是以人的自由和解放作为根本目标的,因而体现了教育评价的时代精神。

长期以来,传统法治教育价值观下,对法治教育效果的评价一直倾向于目标取向的评价。具体表现为以"知法"和"守法"作为教育目标,并以此与教学计划和教育结果相互对照,往往以学生法律知识掌握的多少以及像"刑事案件的发案率""违纪行为的发生率"之类的等静态指标作为评价的主要指标,"不出事"往往成为教育管理者首要考虑的问题。这种评价忽视了学习主体——学生的利益、需要和愿望,在教学课时有限、法治教育主要安排在大学一年级第一学期这一特定阶段的状况,导致其实效性大打折扣,造成了大学生"知"与"行"的脱节。随着我国法治建设的发展,特别是法治教育改革的深入,法治教育的评价也逐步走出以预定目标作为唯一评价标准的藩篱,教学过程受到更多的重视,特别是重视教学过程中师生之间的交互作用,如重视学生在教学过程中的表现及师生之间、同

---

① 唐安奎:《高校公共课程的问题与评价价值取向的改进》,《大学教育科学》2006年第3期,第47页。
② 钟尚科:《论德育主体客体化和客体主体化》,《上海交通大学学报(社会科学版)》2002年第1期,第61页。

学之间的交往活动及交往水平。这是目标取向评价的一种重要改进和完善,在一定程度上弥补了目标取向评价所带来的追求单向控制的弊端,对人的主体性、创造性给予了一定的尊重。但是,要从根本上走出目标取向评价的藩篱,还必须确立全新的主体取向的评价机制。

(二)建立以大学生成长、成才和发展为指向的发展性评价机制

发展性教育评价属于主体取向的评价,它被认为是与素质教育相匹配的一种教育评价理念。自20世纪80年代以来这种教育评价思想不断发展,受到越来越多的关注,更多的学者也开始尝试运用这一理念,探索构建素质教育的评价新模式。

首先,发展性教育评价在教育评价方向上"不仅注重评价对象的现实表现,而且重视评价对象的未来发展"[①],是指评价者在全面了解评价对象的过去和现实表现的基础上与被评价者共同商定发展目标,并创设条件促进该目标实现。[②]其次,发展性教育评价"以促进发展为目的,是一种依据目标、重视过程、及时反馈、促进发展的形成性评价"[③]。根据这一理念,评价中就不能用单一的评价结果来作为奖惩依据,特别强调促进评价对象自觉主动地发展,实现发展目标。最后,发展性教育评价重视提高评价对象的参与意识,能够发挥其积极性。无论是评价目标、评价计划的制订,还是评价实施的整个过程,都不能只由评价者单方确定,都要由被评价者的参与,双方共同商定。因此,说到底,发展性教育评价是一种以评价对象为主体,以促进评价对象发展为目的,以评价者和被评价者共同参与实施的一种教育评价方式。实施发展性教育评价对于促进评价对象自身的发展需求和教育组织需要的融合、评价对象的心态与教育组织氛围的融合、评价对象现在表现与未来发展的融合等都具有十分重要的意义[④]。

发展性教育评价在价值取向上有以下特征:它"以学生的'学'来论教师的'教'",它"关注教学内容与学生生活的联系",它"关注课堂的开放性和生成性",它"倡导学生将主动、合作、探究性的学习方式与有意义的接受性学习方式相结合",它"关注三维目标的有机协调,促进学生正确价值观念的形成",它"强调教学过程中的即时评价",它"关注课内学习向课外学习的延伸",它"倡导教师个性

---

① 肖远军、邢晓玲:《我国教育评价发展的回眸与前瞻》,《江西教育科研》2007年第12期,第14页。
② 张忠福:《对发展性学校评价的思考》,《中小学管理》2002年第8期,第31页。
③ 张忠福:《对发展性学校评价的思考》,《中小学管理》2002年第8期,第31页。
④ 王斌华:《发展性教师评价制度》,华东师范大学出版社1998年版,第10页。

化的教学""强调教师在反思中发展"。① 所以,发展性教育评价突出了主体性,它不是靠外部力量对受评价者进行单方面的督促与控制,而是每一个人自己主宰命运,同时对他人承担责任和义务,是"自主"与"责任"的统一。无疑,发展性教育评价体现了教育评价的时代精神,事实上也与法治文化的价值追求具有一致性。因此,法治素养教育作为与法治文化建设相契合的教育实践活动,其评价理应向这种发展性教育评价过渡,着力构建以大学生成长、成才和发展为指向的发展性评价机制。

以大学生成长、成才和发展为指向的发展性评价机制的具体构建,在策略上至少具有这样几个特性:一是评价指标或要素必须典型,具有代表性。就课堂教学而言,在教学设计上所选取的评价指标或要素不仅要体现思想政治教育的基本理念和要求,还要体现"法治"的理念和法治建设的需要;设定的教学目标要明确、具体,符合当代大学生的实际和我国当下法治文化建设的进程;教学流程的安排必须体现严格的逻辑性要求等。二是教学过程中获取的教学信息必须全面,既要有反映教师行为的指标或要素,又要有反映学生状态的指标或要素。比如,就教学过程中的学生状态看,要有学生对教学内容和形式的兴趣指标,学生学习的积极性、主动性指标,学生认识问题、解决问题方面的能力指标,学生在学习过程中生成新问题并深入探究的指标等。三是评价方法必须具有实际可操作性,实用并切实可行。

总之,大学生法治教育的评价在理念上必须把注意力放到大学生主体身上,更多地关注大学生法治素养的提高,关注大学生的"发展"。不只关注于完成法律知识、法律技能等教育目标,同时更要关注于大学生主体学习态度、情感体验、价值观等发展性目标的形成。从关注的视角看,就是由主要关注教师的"教"转到主要关注学生的"学"上,以"学"论"教",以"学"促"教"。

第三节 构建全员、全方位、全过程育人的大学生法治教育实施机制

法治文化建设是一个涉及方方面面、需要各方面长期努力建设的过程,任何

---

① 王斌华:《发展性教师评价制度》,华东师范大学出版社1998年版,第10页。

试图采取急功近利式的在短期内建成法治国家、法治社会的"运动"都是不切实际的幻想。因为,法治文化脱离不了其所赖以生存的社会经济、政治的环境和土壤。法治文化视域下的大学生法治教育,其价值取向的变革还必须整合相关教育资源,实现联动,形成合力,才能最终达成提高大学生法治素养的教育目标。现阶段,我国大学生法治教育的实效性不尽如人意,还有一个重要的原因是大学生法治教育资源缺少整合,未形成有效的联动机制。从横向看,大学生法治教育与同属于思想政治教育的思想道德教育、家庭法治教育和社会法治教育之间存在着不协调、不和谐;从纵向看,在学校法治教育系列中大学生法治教育与中小学生法治教育之间以及大学生法治教育内部各个不同阶段之间也同样存在着种种不协调、不和谐。由此,要实现大学生法治教育价值取向的变革,做到与法治文化建设相契合,还必须处理好这些关系,使它们协调统一,形成联动,构建起全员、全方位、全过程育人的大学生法治教育实施机制。

一、构建学校法治教育与家庭、社会法治教育的协同机制

"一个人从呱呱坠地到'三十而立',是在家庭、学校和社会的教育影响下成长的。家庭教育、学校教育和社会教育这三个方面必须密切配合,共同承担培育年轻一代的任务。"[①]从广义上讲,大学生法治教育既包括由高校对在校大学生进行的法治教育,也包括由其家庭以及社会对大学生进行的一般意义上的法治教育。同时,就高校对在校大学生进行的法治教育而言,既包括在思想政治理论课中对学生进行的法治教育,也包括在其他哲学社会科学课甚至专业课中进行的法治教育,还包括课外由学校政工队伍、辅导员对学生进行的法治教育。

从某种意义上讲,学校、家庭、社会三个方面对大学生的成长成才都具有不可替代的作用。家庭法治教育是大学生法治教育的基础,是指由大学生的父母或家庭中的长者自觉或不自觉地对大学生施加的法治方面的教育和影响。父母是子女的"第一任老师",家庭是个体生活的第一个场所,家庭法治教育是大学生法治教育活动一个不可忽视的重要方面。学校法治教育是大学生法治教育的主体,是高校对在校大学生进行的法治教育。学校法治教育以其系统性、计划性等特点,具有其他任何组织和机构都不能比拟的教育效果。社会法治教育是学校

---

① 教育部思想政治工作司:《加强和改进大学生思想政治教育重要文献选编(1978—2008)》,中国人民大学出版社2008年版,第58页。

法治教育的拓展，它一般是指社会文化教育机构对包括大学生在内的青少年及一般社会大众开展的各种各样的法治教育活动。在一个人成长的过程中，忽视了上述任何一方面的教育都可能造成不良后果。大学生的全面发展、健康发展，离不开学校、家庭、社会的有效配合，为此，必须树立整体教育思想。

事实上，我国大学生法治教育的广泛开展始于全社会进行的轰轰烈烈的普法教育。1986年在高校中开设专门的"法律基础"课正是遵照《关于向全体公民基本普及法律常识的五年规划的通知》（即"一五"普法）进行的。在这之后，经过七个五年普法，每个五年普法规划在目的、内容到重点等都有所变化，大学生法治教育也随之不断升级。比如，已经进行的七个五年普法，尽管每次普法都是针对所有公民的，虽在具体对象上各有侧重，但青少年始终是普法教育的重点对象之一。同时在内容上既保持连续性而又有与法治建设进程的同步性。比如"一五"普法，与我国改革开放刚刚恢复法治重建的社会背景紧密结合，其主要目的是初步恢复法律的权威地位、初步完成对全民族的法律启蒙教育、初步填补广大公民法律知识的空白、初步树立广大干部依法办事的观念。"二五"普法则以"一五"普法为基础，要求基层各行业开展依法治厂、依法治村、依法治校、依法治市等依法治理工作。"三五"普法主要体现党的十五大提出的"依法治国，建设社会主义法治国家"的基本方略。"四五"普法则确定了"两个转变、两个提高"①的工作目标，旨在让国家各项事业逐渐步入法治化轨道。"五五"普法则是为了适应构建社会主义和谐社会和全面建设小康社会、全面贯彻科学发展观以及促进依法治国基本方略的实施。"六五"普法是为了加强社会主义法治理念教育，提升法治文化的作用。"七五"普法是为了"增强全民法治观念"，"服务协调推进'四个全面'战略布局和'十三五'时期经济社会发展"。当然，大学生法治教育毕竟属于学校教育系列，要遵循学校教育的规律。与一般的社会法治教育相比，大学生法治教育具有学校法治教育所具有的对象上的特定性、时间上的集中性、内容上的系统性和主体的全面参与性等特点。因此，不能按照社会法治教育这种一般性法治教育的办法进行大学生法治教育。现阶段，我国大学生法治教育中存在着两种极端化的倾向：一是将大学生法治教育直接等同于社会上一般性的法治宣传教育，将法治教育的重心放在法律规范性知识特别是一些具体法律规范

---

① 即通过实施"四五"普法规划，努力实现由提高全民法律意识向提高全民法律素质的转变，全面提高全体公民特别是各级领导干部的法律素质；努力实现由注重依靠行政手段管理经济和社会事务向注重运用法律手段管理经济和社会事务的转变，全面提高全社会的法制化管理水平。——笔者注

上。而由于课时的限制,结果只能是蜻蜓点水,既达不到普法教育的目的,又达不到法治教育的目的。二是完全脱离社会普法教育,片面强调法治观念教育。在学生连基本的法律知识都缺乏的情况下,一味强调法治观念教育的结果,往往导致法治教育课演变为说教课,不仅脱离社会实际,也脱离学生的法治需求和实际。因此,大学生法治教育不可能脱离整个社会的法治教育孤立进行,它必须与之保持协调和一致。

(一) 重视家庭法治教育的基础性作用,构建家校协同育人机制

家庭是孩子的第一个学校,家长是孩子的第一任老师。家庭是孩子生活的港湾,家庭教育是孩子成长过程中对其人格和行为习惯等方面的养成,发挥着潜移默化的重要影响。思想政治教育的家庭环境,主要是指家长的思想素质和行为规范对家庭成员尤其是对子女思想品德的形成、发展的影响氛围。① 在大学生的成长和成才过程中,家庭教育发挥着基础性的作用。从法治教育来看,家长的法治素养无疑对子女有着重要的影响。

为此,首先要求家长以身作则,在树立法治意识上为孩子树立良好榜样。因为家长"其行为不但影响子女的发展方向,而且决定能否赢得子女的信任和尊重,取得家庭教育的主动权"②,所以家长要注意自身法治意识的提高,以自身各种积极的法治行为,为孩子树立榜样。其次,要求家长关注日常生活对孩子的法治教育,营造民主、平等和健康的家庭环境,帮助孩子塑造完善的人格,运用规则、法律的尺度评判、分析和讨论各种社会现象,处理社会生活中遇到的各种矛盾和纠纷。大学生这个群体,刚刚成年但尚未进入社会,家长在对孩子的法治教育方面往往存在两种误区:一是把孩子看作是自己的附属品,不尊重孩子的独立主体资格,一味要求孩子服从自己的绝对权威,导致孩子缺乏主体意识、权利意识,甚至造成人格缺陷。二是认为孩子已经成年,进了大学,教育包括法治教育是学校的事,于是采取不管不问的态度放任自流,这同样是错误的和有害的。最后,要建立家庭与学校间常态化的协同育人机制,如组建"家长委员会""家庭委员会"等互动组织,搭建微信群等网络平台,确保学校与家长在大学生法治教育方面的有效沟通,相互交流信息,把握学生动态,及时引导和处置学生在学习、

---

① 陈万柏、张耀灿:《思想政治教育学原理》,高等教育出版社2001年版,105页。
② 闫玉:《大学生家庭教育研究》,《教育与职业》2006年第27期,第176页。

生活等方面出现的问题。

（二）优化社会法治教育环境,营造高校与社会间的协同育人机制

大学不是象牙塔,也不是世外桃源,大学是社会的缩影。大学生法治教育不仅仅是家长和高校的事,也离不开社会的教育。社会法治教育环境的好坏直接影响着大学生法治教育的成效。"在利益矛盾和人际矛盾突出、社会问题和思想问题层出不穷的环境中,思想政治教育困难重重,疲于应付,难于取得预期效果;而在秩序井然、社会关系和谐的环境中,思想政治教育就能有序进行,其影响就会得到社会环境的积极强化,轻易取得良好的效果。"[1]良好的社会法治教育环境,可以增强大学生对法治的信任和对社会法治建设的信心,有利于大学生们法治信仰的形成。反之,如果社会法治教育环境不佳,人们就会丧失对法治的信任,法治教育的效果必然大打折扣。所以,必须重视社会法治教育环境对大学生的影响,注意社会法治教育环境的营造和优化。

首先,必须重视社会法治环境的建设。社会法治环境的建设涉及立法、执法、司法、守法等法律运行的各个环节。从立法环节看,就是要科学立法,进一步完善中国特色社会主义法律体系;从执法环节看,就是要严格执法、秉公执法,依法行政;从司法环节看,就是要公正司法,提高司法公信力;从守法环节看,就是要加强法治宣传教育,加大普法教育力度,增强全民法治观念。其次,必须强化网络管理,营造良好的网络法治环境。在当下的"互联网+"时代,网络对大学生的学习和生活带来广泛的影响。一方面,网络开放、透明、便捷、高效等特点已经成为大学生日常学习和生活不可缺少的工具;另一方面,网络信息混杂,也充斥着各种负面的不良信息。大学生处在世界观、人生观和价值观形成的关键时期,网络法治意识不强容易受到不良信息的冲击和影响。所以,要加强网络管理,净化网络空间,为大学生法治教育创造一个健康的网络环境。同时,要加强对大学生的网络法律法规教育,让大学生明了"网络非法外之地"。最后,必须依托社会法治资源,构建高校与社会间的协同育人机制。我国已经持续进行了七个五年普法规划的实践,现在已经进入了"八五"普法的新阶段,从组织、实施到保障等都已形成了一套完整的体制和机制,完全可以把社会普法资源导入高校,为大学生健康发展服务,建立高校法治教育与社会普法的信息交流、物质保障和双向协

---

[1] 陈万柏、张耀灿:《思想政治教育学原理》(第三版),高等教育出版社2015年版,第116页。

作机制。此外,高校可以充分利用其他各种社会法治资源,如各级政府、社会公益组织、公司企业等,为学生提供实践的机会。

(三)发挥主导作用,构建高校全员协同育人机制

从社会要求看,学校是人们着意营造的培养青少年的环境,学校的活动更具有计划性、目的性,对青少年思想品德的形成具有指导性。高校是大学生法治教育的主阵地,在大学生法治素养的培育中起着主导作用。为此,首先必须发挥高校思想政治教育的主渠道作用,加强法治理论教育,强化法治实践教育,切实提高教学效果。高校思想政治教育是大学生法治教育的主渠道,必须不断创新教育理念、优化教学内容、改进教学方法,同时还要拓展法治实践教育的渠道,加强法治教育师资队伍建设。

其次,要充分利用高校自身拥有的法治教育资源,加强法治教育课程协同。比如,高校在除了思想政治教育主渠道的法治教育外,可以通过开设法治通识课、选修课以及专业相关的法律课程,助力大学生法治知识、法治意识的进一步提升。高校还可以通过课程思政等途径,挖掘各专业课程中的法治元素,加强法治教育课程与专业课程的协同创新。课程思政通过将思想政治教育元素包括思想政治教育的理论知识、价值理念以及精神追求等融入各门课程中去,潜移默化地对学生的思想意识、行为举止产生影响,[①]从而形成各类课程与思想政治理论课同向同行的协同效应,达成"立德树人"的根本目的。

最后,不断推进依法治校,营造良好校园法治文化环境。校园法治文化作为一种精神力量,能够帮助大学生们在理解法治内涵、参与法治实践的过程中将其转化为物质力量,助力高校法治化水平和大学生法治素养的提高。在这方面,高校领导首先必须以身作则,积极推进依法治校。依法治校是依法治教的重要组成部分,是高校落实全面依法治国的体现。根据2012年11月22日教育部发布的《全面推进依法治校实施纲要》的要求,高校要积极落实教师和学生的主体地位,要在他们参与学校管理、行使监督权力、实现自我发展等方面的权益给予制度保障。为此,高校应该进一步推进学校规章制度建设,进一步健全学校各项民主管理制度。尤其是在涉及学校重大发展问题及关乎大学生切身利益的问题

---

① 王学俭、石岩:《新时代课程思政的内涵、特点、难点及应对策略》,《新疆师范大学学报(哲学社会科学版)》2020年第2期,第51页。

上，学校应广泛听取和征求学生的意见，切实保障学生的民主管理权利。同时，高校应积极营造良好校园法治文化环境，充分发挥校园法治文化对大学生潜移默化的隐性教育功能。比如，高校可以把大学生日常生活的公共场所的宣传栏、展板、横幅以及学校各种社团、论坛、学校网站、学院广播等传播媒介充分利用起来，进行法治文化宣传，发挥文化育人的作用。

二、构建法治教育与道德教育深度融合的、高效的德育机制

就高校对在校大学生进行的法治教育而言，思想政治理论课无疑是主渠道。其他哲学社会科学课、专业课在对学生进行人文素质教育、专业教育中也涉及一些法治方面的教育，学校主要负责学生思想政治教育工作（包括法治教育）的组织、协调、实施，学校政工队伍和辅导员则根据党委部署有针对性地对大学生开展思想政治教育（包括法治教育）活动。而在思想政治理论课中，大学生法治教育又是与道德教育放在一起进行的，它们两者的整合对大学生法治教育有着重要意义。学校的法治教育在我国历来属于"德育"范畴，大学生法治教育也不例外。根据整体规划我国高校德育工作的《中国普通高等学校德育大纲》，"自觉地遵纪守法""树立社会主义民主法治观念""自觉维护和遵守中华人民共和国宪法和法律，正确行使法律赋予的民主权利，自觉履行法律所规定的义务，知法、守法、用法，维护学校和社会稳定"是高校德育目标和具体规格要求的主要内容。[①]实践中，高校大学生法治教育也主要是由思想政治理论课教师承担的。但是，一直以来对于大学生法治教育往往存在着两种片面的认识：一是将高校的"德育"简单地等同于"道德教育"，而将大学生的法治教育次第于"道德教育"甚至混同于"道德教育"。正如有的学者所说的"按照道德教育的套路"来开展法治教育[②]，从而使法治教育遭受埋没。二是一味强调大学生法治教育的"独立性""自成体系"，结果出现了一味向高校法律专业的法学教育看齐，将大学生法治教育搞成法学教育的"浓缩版"。

事实上，法律与道德既有联系又有区别，两者不可偏废。同样的，法治教育与道德教育既有内在联系又有根本上的差异。

首先，法治教育和道德教育都同属于社会价值教育的范畴。伴随着人类文

[①] 教育部思想政治工作司：《加强和改进大学生思想政治教育重要文献选编（1978—2008）》，中国人民大学出版社 2008 年版，第 217—218 页。

[②] 刘斌：《高校法制教育中存在的问题及改进策略》，《中国校外教育》2009 年第 7 期，第 12 页。

明进步的脚步，人们的价值观念也随之不断变化发展，这种变化发展不仅反映了社会变迁对人类提出的新的要求，同时也有助于人们更好地适应社会生活、创造出更多的社会文明成果。我国当下正在进行的这场现代化运动，从一定意义上讲也是一场人们在价值观念上的思想解放运动，是对传统观念的突破，更是超越。无论道德教育还是法治教育，实质上也是一种价值观念的教育。通过这样的教育，要使大学生树立遵道德、守法律的价值观念，实现社会的和谐与人的发展。

其次，法治教育和道德教育的目的和终极目标都是为了培育人的素质，培养全面发展的人。现阶段高校思想政治理论课"05方案"已实施多年，它将社会主义道德教育和法治教育"合并"起来，力图使两者"有机融合"，也是一种有益的尝试。

正确认识道德教育与法治教育的关系，需要我们在更深入的理论层次加深对道德教育与法治教育辩证关系的认识。古今中外，人性的不完善早就引起人们的注意，并认识到法的存在及守法与人的德性有关，而人的德性又与教育分不开的。我国先秦荀子及法家的思想家们就提出了"人性本恶"的论断，认为人生而贪欲好利，生而有着各种各样的欲望，认为恶性是任何生命都共有的天性，它是生存的本能，当没有食物时，人的残忍就爆发出来，恶性将显现无遗。由此出发，法家主张用法治疏导恶性从而使人性向善，比如商鞅就阐述过虽人性本恶，但只要用教育和律法是可以使人们向善有序的。他指出用教育引导人，用制度约束人，用后天教育来防范恶性，从而使恶性长眠。在国外，柏拉图、亚里士多德等思想家也持同样的观点。西方法治学说也正是建立在这种"人性本恶"的基础上的。比如，柏拉图认为人有欲望、意志和理性，当理性能驾驭欲望和意志时，就能获得善，反之就是恶。亚里士多德认为，一个公民守法与否与其德行有密切联系：公民的德行，不能没有法律的强制；公民的守法，也同样离不开德行的支持。对一个社会来说，道德教育与法治教育都是不可或缺的，两者必须相互配合、有机结合才能发挥其价值教育的最大功效。

现阶段，完善和改进大学生法治教育，提高其现实有效性，首先必须充分认识道德教育与法治教育深度融合的必要性。一方面，必须坚持大学生法治教育的德育性质和思想政治教育属性，加强其德育功能，坚决杜绝把大学生法治教育与高校法律专业学生的法学教育（或法律教育）混同，杜绝在教学中片面追求法学理论的系统性和法律知识的完整性。另一方面，还要反对那种片面强调道德价值高于法律价值、道德教育高于法治教育,甚至认为法治教育可有可无、可多可少的错误观念。在具体教学过程中,也要矫正将法治教育与道德教育"分而治之"或"随意处置"的错误倾向。因为这不仅背离了中央的决策和相关文件的精神,也大大降低了法治教育的实际功效。

最后,有必要探索大学生法治教育与道德教育深度融合的具体措施和办法。这方面,"思想道德修养与法律基础"课在教材建设上作了大量有益探索,试图在教学内容方面将思想道德修养与法律基础知识融合起来,这无疑是必要和有益的。但是,大学生法治教育与道德教育光有道德知识和法律知识的结合是远远不够的,更需要的是在教育教学的实践中的深度融合。为此,一方面需要在课程教学过程中,将思想道德和法治融会贯通起来,尤其是寻找到两者融合的"点"。比如,用现实生活中的"事例",包括大学生在成长过程中所遇到的"问题",在这些"事例"和"问题"上将理论知识应用到现实生活中,从道德与法治的结合中理解道德与法治之间的联系,培养学生能力,达到提升思想道德素质和法治素养的目的。另一方面,需要在实践教育中,让学生体验直观的法治与道德教育。人的道德观念和法治意识的养成,离不开教育的引导,也离不开法律和规章制度的约束。国外一些国家学校法治教育的一个成功经验就是十分重视德育的制度建设,在制度建设和学生社会实践过程中,注意将道德教育与法治教育融合在一起。因此,在大学生法治教育中,可以借鉴国外的经验,将道德教育与法治教育融入学校各项规章制度的建设和完善中,同时加强实践教育,让学生尽可能多地接触社会现实,在生动、直观的社会实践教育中,加深对道德和法治认识、理解,树立正确的道德和法治观念,提升法治素养和道德品质。

三、构建大学生法治教育与中小学生法治教育相互衔接配合的机制

法治教育是一个循序渐进不断深入的过程。从一定意义上讲,学校法治教育是整个青少年法治教育工程的决定性环节。大学生法治教育是学校法治教育系列中的最后一环。因此,在纵向关系上,大学生法治教育的实施必须处理好其与中小学生法治教育的关系。

大学生法治教育与中小学生法治教育同属于学校法治教育系列,它们既有深刻的联系又有极大的差异。

首先,大学生法治教育与中小学生法治教育之间有着千丝万缕的联系,它们同属于学校法治教育系列,都是这个系列不可或缺、不可替代的重要组成部分。

从某种意义讲,大学生法治教育与中小学生法治教育都属于公民教育范畴,都承担社会普法教育的功能,而且从根本意义上讲又都是素质教育。众所周知,法治国家是法律主治而不是权力主治的国家。西方国家的法治实践经验和当代中国改革开放四十余年来的法治建设历程都表明,"法治需要执法公仆,需要护法忠臣,需要弘法良才"①,建设法治国家、法治社会,不仅需要通过专门的法律教育造就一大批合格的法官、检察官和律师等法律专门人才,同时还需要通过广泛的法治教育尤其是学校法治教育培育和造就合格的普通法治公民。就高校来说,就是要培养懂得基本的法律知识,能用法参与国家、社会的管理,能保护自身合法权益,能自觉维护法律尊严的合格公民。现代学校教育的系统性、有组织性、大规模性等特点,决定了通过学校法治教育,不仅可以不断地向社会输送一批批符合法治社会需要的合格公民,还可以引领整个社会的法治文化建设,促使社会形成良好的法治氛围。值得指出的是,近年来青少年包括大学生的违法犯罪问题逐渐成为我国所面临的一个较突出的社会问题。青少年犯罪占全部刑事犯罪作案成员的比例逐年增长,已经严重影响社会稳定,在校学生犯罪占青少年犯罪人数的比例大有增长之势②。出现这种局面,与一段时期里我们的学校教育忽视甚至放弃法治教育有着直接关系,高校也不例外。

其次,大学生法治教育与中小学生法治教育虽同属学校教育,但它们毕竟是不同层次、不同阶段的学校教育,它们在对象、内容及方式方法上必然会有很大的差异。与中小学生相比,大学生在知识、年龄、身心发展等方面存在着很大的不同,主要表现为生理的基本成熟而心理发展则相对滞后。目前我国大学生的年龄跨度基本在 18~22 岁之间,属于青年中间期,身体发展已越过青春期。许多研究表明,大学生在生理方面,身体各个器官的发育已经基本成熟,外表上已经与成人无异,已是十足的"男人"或"女人"。大学生的自我意识有了较好的发展,他们也认知到自己已经脱离儿童或青少年的模样,变成"大人"了。由于摆脱了中小学时期服装仪容的限制,大学生更注重自己的穿着、打扮,建立自己独特的审美观,并成为自我观感的一部分。然而,大学生的生理发展与心理发展存在着一定差距的。尤其在当今社会变迁迅猛、社会关系日益复杂的条件下,大学生

---

① 高非:《大学法制教育所面临的问题及其对策》,《法制与社会》2011 年第 5 期,第 233 页。
② 中国青少年研究中心课题组:《"十一五"期间中国青年发展趋势报告》,《"十一五"与青少年发展研究报告——第二届中国青少年发展论坛暨中国青少年研究会优秀论文集(2006)》,天津社会科学院出版社 2007 版,第 28—29 页。

的身心发展差距尤为明显。这种身心发展不一致体现为大学生心理成熟赶不上生理成熟,造成大学生对自我的矛盾认知和言行不一。因此,教育对象的不同决定了大学生法治教育的内容、方式方法上的特点。在法治教育上大学生法治教育与中小学生法治教育各自承担的任务、内容有着重要的区别,侧重点是不同的。如果说中小学生法治教育侧重于法律认知教育的话,那么高校大学生法治教育则侧重于法治的理性(理论)教育。

四、构建贯穿于大学生法治教育全过程的育人机制

与大学生思想认识水平逐步提高相适应,大学生法治教育也应当是一个不断深入的过程。一般而言,与大学高年级阶段相比,大学一年级是学生从中学到大学的过渡期,也是比较容易引发思想行为偏差的时期。在这一时期,由于刚刚经历了紧张而忙碌的三年高中生活,跨进了大学校园,不再有精心照料自己学习和生活的父母陪伴,也没有了时时"盯着"自己学习的老师,一下子觉得"解放了",变得"自由了""轻松了"。然而另一方面,由于尚未真正了解大学和大学生活,因而当开始真正的大学生活时,大多数人容易出现不适应、不知所措甚至陷入苦闷与焦灼的情况。所以这一时期的主要是寻求新的情感寄托,是刚刚入校的大学生心理和思想上的空白期、断乳期,需要加强引导,尽可能地抵制各种不良现象的引诱,规范自己的行为。而进入大学二三年级,大学生对大学生活有了基本的了解,基本上摸索出了一整套适合自己特点的学习方法,建立了自己的人际交往圈,大学生活逐渐变得丰富、充实和有规律。这一阶段,已经没有了刚进入大学时的那种焦虑感和紧张感,能以比较平和的心态来面对大学的学习和生活。这是创造力发挥及实现自我发展的大好时机,发展成为这一个阶段的主题。进入大学四年级以后,大学生变得更成熟老练,看问题更为现实,加之做毕业设计、找工作需要投入大量的时间和精力,所以他们的思考趋于冷静和理智。

因此,大学生法治教育应当与大学生思想认识水平相适应,应当分阶段、有针对地进行。比如针对大一过渡期,应当在"思想道德与法治"课外适当增加宪法、民法、刑法和诉讼法等知识。当然,对大多数学生来说不可能也没必要像法学专业教育那样全面理解和掌握这些法律规范,因此只要认识和把握它们的基本内容和精神即可。如对于民事法律可以重点了解我国民法的几个基本概念,对于刑法重点介绍《中华人民共和国刑法》总则中的几个基本概念,而对于诉讼法则主要掌握民事诉讼法有关的管辖、证据、上诉等知识点。到了大二、大三,大

学生已经基本适应了大学生活，有了大体明确的奋斗目标，积极追求自己的专业发展，并且初步具备了一定的创造或发明能力，可能产生自己的作品，应当将知识产权法及与自己的专业发展相关的法律规范作为大学生法治教育的侧重点。比如，就《中华人民共和国著作权法》重点介绍著作权人的权利、著作权的利用与限制、侵犯著作权的行为及著作权的保护等；而就《中华人民共和国专利法》重点介绍取得专利权的条件和程序、专利权人的权利及法律保护、专利侵权行为及相应要承担的法律责任等。至于"与专业发展相关的法律规范"，由于专业不同完全可以通过选修课、第二学位等方式开展法治教育。如，医学专业可以开设有关执业资格、医药管理及医患关系的法律课程，计算机专业则可以开设有关计算机软件著作权保护、计算机犯罪等课程。进入大四，针对该阶段大学生已经面临毕业、即将踏入社会成为一名劳动者的特点，可以开设与劳动就业相关的如劳动法、劳动合同法、民法等法律课程。

总之，大学生法治教育是一个贯穿于整个大学学习全过程的活动，不能仅仅依靠一门"思想道德与法治"课短短一学期数课时的课堂教学来承担，而需要有针对性地分阶段循序渐进开展法治教育，方能达成提高大学生法治素养的目标。

结语：让法治成为大学生的一种生活方式

教育、法治教育从来就不是一个孤立的文化现象，其产生、存在和发展都离不开特定的历史文化场域。一定时代的大学生法治教育总是与该时代特定的法律文化和社会历史需求紧密相关的。大学生法治教育的研究，不能拘泥于法治教育本身，而应该将其置于现时代法治文化视域中进行探讨，这样才能从根本上把握时代的脉搏，找到自身发展和变革的正确方向。

法治是人类政治文明的重要成果和显著标志，也是人类政治发展的潮流趋势。建设法治国家、法治社会是当代中国人民的理想追求，也是建设社会主义和谐社会不可或缺的重要内容。法治建设进程的推进，固然离不开法律制度、执法和司法机构等硬件系统的构建，但更需要整个社会的法治文化和公民法律素质的建设和培育。党的二十大提出"以中国式现代化全面推进中华民族伟大复兴"，并强调"坚持全面依法治国，推进法治中国建设"，要"在法治轨道上全面建设社会主义现代化国家"，法治现代化是中国式现代化题中应有之义。法治现代化的真正实现，在根本上要取决于全体公民具有与之相适应的文化自觉。

作为大学生法治教育价值的一种总体性的选择，大学生法治教育价值取向涉及大学生法治教育与整个社会法治化进程和法治文化培育的关系，涉及大学生法治教育的目标、内容、功能、价值以及效果评价等诸多方面，统摄着大学生法治教育的全过程，是指导实践活动的一个重要依据和基本前提，对大学生法治教育的改革与发展的意义不言而喻。正是从一种促进我国大学生法治教育价值取向变革及推动我国大学生法治教育事业进一步向前发展与繁荣的愿望出发，本书希望通过对新中国大学生法治教育价值取向历史嬗变和现状考察，在分析和总结的基础上，揭示其调整的基本路向。

就法治文化与大学生法治教育价值取向的关系问题，本书通过对法治教育与法治文化形成的历史契合性、法治教育与法治文化建设的现实互动关系的分析,揭示两者之间在实践中所存在的相互促进作用。同时通过对大学生法治教育与法治文化价值诉求的分析,揭示两者在价值取向上的根本一致性。据此得出本书的第一个结论:与法治文化契合是大学生法治教育价值取向变革的基本方向,大学生法治教育必须与法治文化建设实现良性互动。

通过对新中国大学生法治教育价值取向的历史嬗变的回顾和分析,可以发现在新中国大学生法治教育活动的历史进程中,人们所作出的种种有关大学生法治教育价值取向的拓展与抉择,实际形成了有关大学生法治教育价值取向的三个基本观念:强调社会本位、注重社会价值的"工具论"观念;强调个体本位、注重个体价值的"本体论"观念;强调将上述"工具论"和"本体论"结合起来的"统一论"观念。通过对现阶段我国大学生法治教育价值取向的现状反思,可以发现实践中存在的问题包括大学生主体法治需要缺乏足够重视,素质教育目标一定程度地被虚置,教育内容缺少对大学生生活实践的回应等。另外通过对几个典型国家公民教育发展与法治文化的互动关系的解读,可以发现这些国家公民教育的发展及价值取向变革呈现下述趋势:教育目标、内容、实现途径及方法等都以时代变迁、社会发展对公民的"规格"要求为导向,同时又凸显人文性,关注个性完善与发展。本书据此得出的第二个结论:关键是要寻找能实现法治教育与法治文化建设形成良性互动,最终能使法治成为大学生生活中不可或缺的组成部分,成为他们的一种生活方式的具体途径和实现方式。

以前面两个结论为基础,本书第六章就我国大学生法治教育价值取向的变革路向提出基本的建议。由此得到第三个结论:当代大学生法治教育价值取向的变革是要使大学生法治教育活动建立在对法治文化的价值选择上。具体内容包括认识大学生法治教育的深层次价值,确立科学的大学生法治教育价值观,以"学生为本"为出发点,全面、协调、可持续发展,开放式、创新型发展。完善大学生法治教育的目标体系,反映大学生的全面发展需要,把握现代社会必备的法律基础知识,学会法律的一般技能,具有较强的法治观念和意识,形成较坚定的法治信仰,把提高大学生的法治素养作为根本目标。优化大学生法治教育的内容结构,包括三个层面的法律基础知识,即作为一个公民所必需的法律规范知识、作为一个新时代大学生必需的法律规范知识和作为专业需要和职业准备的法律规范知识。具备两个层面的法律技能要求,即参与法治社会生活的技能和维护自身正当权益的技能,具有课内外、校内外、线上线下结合的法律行为实践。构建大学生法治教育的评价机制,走出单纯的目标评价和过程评价,构建以大学生成长成才和发展为指向的发展性评价机制。

德国教育家斯普朗格(Eduard Spranger)认为,教育有两方面的意义:一方面在于由外部摄取客观的文化价值来发展人的内部的人格价值,另一方面在于由主观的内部创造新的文化价值①。在中国实现法治的进程中,大学生法治教育通过帮助大学生理解和领会社会主义法治价值,树立社会主义法治理念,塑造法治品格和精神,在提高大学生法治素养的同时,也推进着社会主义法治文化的形成与进步。法国大革命先驱者卢梭说,一切法律之中最重要的法律,既不是刻在大理石上,也不是刻在铜表上,而是铭刻在公民的内心里。大学生法治教育的根本使命就是把法治的价值和要求铭刻在大学生的内心里,内化于心、外化于行,只有这样,法治国家、法治社会及法治公民才能最终变为社会现实。

---

① 邹进:《现代德国文化教育学》,山西教育出版社 1992 年版,第 64—65 页。

参考文献

A. 经典原著

[1] 本书编写组.全面依法治国文献资料选编[M].北京：人民出版社,2017.

[2] 邓小平文选(第1—2卷)[M].北京：人民出版社,1994.

[3] 邓小平文选(第3卷)[M].北京：人民出版社,1993.

[4] 董必武政治法律文集[M].北京：法律出版社,1986.

[5] 段忠桥.建国以来普通高校马克思主义理论课和思想品德课课程设置及教学内容历史沿革资料汇编[M].北京：高等教育出版社,2004.

[6] 江泽民文选(第2—3卷)[M].北京：人民出版社,2006.

[7] 教育部社会科学司.普通高校思想政治教育理论课文献选编(1949—2008)[M].北京：中国人民大学出版社,2008.

[8] 教育部思想政治工作司.加强和改进大学生思想政治教育重要文献选编(1978—2008)[M].北京：中国人民大学出版社,2008.

[9] 列宁选集(第4卷)[M].北京：人民出版社,1995.

[10] 刘少奇选集[M].北京：人民出版社,1981.

[11] 马克思恩格斯选集(第1—3卷)[M].北京：人民出版社,1995.

[12] 毛泽东选集(第1—4卷)[M].北京：人民出版社,1991.

[13] 毛泽东书信选集[M].北京：人民出版社,1983.

[14] 毛泽东、周恩来、刘少奇、邓小平论教育[M].北京：人民教育出版社,2000.

[15] 习近平.习近平关于全面依法治国论述摘编[M].北京：中央文献出版社,2015.

[16] 习近平.论坚持全面依法治国[M].北京：中央文献出版社,2020.

[17] 中华人民共和国教育大事记(1949—1982)[M].北京：教育科学出版社,

1984.

[18] 中共中央宣传部.毛泽东邓小平江泽民论思想政治工作[M].北京：学习出版社,2000.

[19] 中共中央文献研究室.社会主义精神文明建设文献选编[M].北京：中央文献出版社,1996.

B. 学术著作

[1] 埃尔曼.比较法律文化[M].北京：三联书店,1990.

[2] 昂格尔.现代社会中的法律[M].北京：中政法大学出版社,1994.

[3] 比阿伦·布洛克.西方人文主义传统[M].北京：三联书店,1997.

[4] 本书编写组.社会主义法治理念学习读本[M].北京：中国方正出版社,2009.

[5] 陈秉公.21世纪思想政治教育工作创新理论体系[M].长春：吉林教育出版社,2000.

[6] 陈秉公.思想政治教育学原理[M].沈阳：辽宁人民出版社,2001.

[7] 程潦原.从法治到法治[M].北京：法律出版社,1999.

[8] 崔永东.中西法律文化比较[M].北京：北京大学出版社,2004.

[9] 曹亦冰译注.新序说苑选译(古代文史名著选译丛书)[M].南京：凤凰出版社,2011.

[10] 杜维明.东亚价值与多元现代性[M].北京：中国社会科学出版社,2001.

[11] 冯景源.现代西方价值观透视[M].北京：中国人民大学出版社,1993.

[12] 房文翠.法学教育价值研究：兼论我国法学教育改革的走向[M].北京：北京大学出版社,2005.

[13] 傅进军.大学生活动论：素质教育背景下的大学课外教育[M].北京：科学出版社,2008.

[14] 弗里德曼.法律制度：从社会科学角度观察[M].李琼英、林欣译.北京：中国政法大学出版社,2004.

[15] 公丕祥.法理学[M].上海：复旦大学出版社,2002.

[16] 高鸿钧.现代法治的出路[M].北京：清华大学出版社,2003.

[17] 格伦顿等.比较法律传统[M].北京：中国政法大学出版社,1993.

[18] 赫铁川.法治随想录[M].北京：中国法制出版社,2000.

[19] 侯强.中国近代法律教育转型与社会变迁研究[M].北京：中国社会科学出版社,2008.

[20] 黄娟.大学生科学素质教育研究[M].武汉：中国地质大学出版社,2004.

[21] 韩庆祥.马克思人学思想研究[M].郑州：河南人民出版社,1996.

[22] 黑格尔.小逻辑[M].北京：商务印书馆,1980.

[23] 哈罗德·J.伯尔曼.法律与革命——西方法律传统的形成[M].北京：中国大百科全书出版社,1993.

[24] 冀祥德等.中国法学教育现状与发展趋势[M].北京：中国社会科学出版社,2008.

[25] 冀祥德.法学教育的中国模式[M].北京：中国社会科学出版社,2010.

[26] 贾永堂.大学素质教育：理论建构与实践审视[M].武汉：华中科技大学出版社,2006.

[27] 江必新.法文化的建构及法制教育工程[M].北京：中国人民公安大学出版社,1993.

[28] 蒋先福.契约文明：法治文明的源与流[M].上海：上海人民出版社,1999.

[29] 靳希斌.马克思恩格斯教育原理简述[M].北京：北京师范大学出版社,1992.

[30] 金勇义.中国与西方的法律观念[M].沈阳：辽宁人民出版社,1989.

[31] 柯卫.当代中国法治的主体基础——公民法治意识研究[M].北京：法律出版社,2007.

[32] 克利福德·格尔兹.文化的解释[M].上海：上海人民出版社,1999.

[33] 克鲁克洪等.文化与个人[M].杭州：浙江人民出版社,1986.

[34] 李德顺.价值论[M].北京：中国人民大学出版社,1987.

[35] 李德顺.觉醒的追求——价值新论[M].北京：中国青年出版社,1993.

[36] 李家成.关怀生命：当代中国学校教育价值取向探[M].北京：教育科学出版社,2006.

[37] 李芳.大学生公民素质教育：理论探讨与实证研究[M].北京：中国社会科学出版社,2008.

[38] 李龙.新中国法治建设的回顾与反思[M].北京：社会科学出版社,2004.

[39] 刘斌.法治文化论集[M].北京：中国政法大学出版社,2007.

[40] 刘作翔.迈向民主与法治的国度[M].济南：山东人民出版社,1999.

[41] 刘宁军.共和·民主·宪政[M].上海：三联书店,1998.

[42] 刘旺洪.法律意识论[M].北京：法律出版社,2001.

[43] 刘军宁.共和·民主·宪政[M].上海：三联书店出版社,1998.

[44] 刘豪兴、朱少华.人的社会化[M].上海：上海人民出版社,1993.

[45] 梁治平.法律的文化解释（增订本）[M].北京：三联书店,1998.

[46] 林毓生.中国传统的创造性转化[M].北京：三联书店,1988.

[47] 洛克.政府论（下篇）[M].北京：商务印书馆,1983.

[48] 赖水随.日韩道德课理念比较研究：文化冲突视角[M].北京：北京师范大学出版社,2003.

[49] 苗连营.公民法律素质研究[M].郑州：郑州大学出版社,2005.

[50] 孟德斯鸠.论法的精神（下册）[M].北京：商务印书馆,2012.

[51] 齐振海.人的价值问题探索[M].北京：教育科学出版社,1995.

[52] 乔克裕.法律教育论[M].北京：中国政法大学出版社,1993.

[53] 钱穆.文化学大义[M].台北：台湾中正书局,1981.

[54] 孙来斌.列宁的马克思主义理论教育思想研究[M].北京：中国社会科学出版社,2003.

[55] 石云霞.高校思想政治理论课程建设研究[M].武汉：武汉大学出版社,2006.

[56] 陶黎宝华、邱仁宗.价值与社会[M].北京：中国社会科学出版社,1997.

[57] 田维义.大学生素质教育建设与评估标准研究[M].北京：北京广播学院出版社,2004.

[58] 唐之享.国民素质教育论纲[M].长沙：湖南教育出版社,1999.

[59] 唐克军.比较公民教育[M].北京：中国社会科学出版社,2008.

[60] 檀传宝.公民教育引论[M].北京：人民出版社,2011.

[61] 谭献民.传统文化与社会主义精神文明建设[M].长沙：湖南师范大学出版社,2000.

[62] 王玉.21世纪价值哲学：从自发到自觉[M].北京：人民出版社,2006.

[63] 王人博、程燎原.法治论[M].济南：山东人民出版社,1998.

[64] 王卫东.现代化进程中的教育价值观：西方之鉴与本土之路[M].北京：中国社会科学出版社,2002.

[65] 王立新、郑宽明.大学生素质教育概论[M].北京：科学出版社,2006.

[66] 王健.中国近代的法律教育[M].北京：中国政法大学出版社,2001.

[67] 王华斌.发展性教师评价制度[M].上海：华东师范大学出版社,1998.

[68] 王易、邱吉.当代大学生热点问题调查报告[M].北京：中共党史出版社,2010.

[69] 王立民.法文化与构建社会主义和谐社会[M].北京：北京大学出版社,2009.

[70] 汪霞.国外中小学课程演进[M].济南：山东教育出版社,2000.

[71] 吴小英.大学人文素质教育新论[M].杭州：浙江大学出版社,2012.

[72] 魏饴.大学素质教育与教育回归人本[M].长沙：湖南人民出版社,2009.

[73] 魏雷东.和谐社会视阈下公民道德建设研究[M].北京：中国社会科学出版社,2011.

[74] 谢晖.价值重建与规范选择——中国法治现代化沉思[M].济南：山东人民出版社,1998.

[75] 谢晖.法律信仰的理念与基础[M].济南：山东人民出版社,1997.

[76] 徐继超.公民道德教育与公民法治教育[M].北京：中国社会出版社,2003.

[77] 徐德明.高校素质教育的理论与实践[M].上海：百家出版社,2001.

[78] 邢国忠.社会主义法治理念教育研究[M].北京：中国社会科学出版社,2011.

[79] 夏勇.走向权利的时代——中国公民权利发展研究[M].北京：中国政法大学出版社,1995.

[80] 玉梁.价值和价值观[M].西安：陕西师范大学出版社,1988.

[81] 姚建宗.法治的生态环境[M].济南：山东人民出版社,2003.

[82] 叶澜.教育研究方法论初探[M].上海：上海教育出版社,1999.

[83] 杨兴林.国民素质论[M].长沙：湖南教育出版社,2001.

[84] 俞荣根.文化与法文化[M].北京：中国法制出版社,2003.46.

[85] 俞荣根.道统与法统[M].北京：法律出版社,1999.

[86] 尹晓敏.高等学校学生管理法治化研究[M].杭州：浙江大学出版社,2008.

[87] 亚里士多德.政治学[M].北京：商务印书馆,1965.

[88] 英格尔斯.人的现代化[M].成都：四川人民出版社,1985.

[89] 约瑟夫·拉兹.法律的权威——法律与道德论文集[C].北京：法律出版社,2005.

[90] 弗朗西斯·培根.培根论说文集[M].北京：商务印书馆,1983.

[91] 张文显.法治基本范畴研究[M].北京：中国政法大学出版社,1993.

[92] 张文显.马克思主义法理学[M].北京：高等教育出版社,2003.

[93] 张耀灿等.现代思想政治教育学[M].北京：人民出版社,2006.

[94] 张耀灿等.思想政治教育学前沿[M].北京：人民出版社,2006.

[95] 张小虎.法治教育研究(第1辑)[M].北京：北京大学出版社,2004.

[96] 张斌贤、楼世洲.当代中国教育学术思想研究[M].北京：中国社会科学出版社,2011.

[97] 卓泽渊.法律价值[M].重庆：重庆大学出版社,1994.

[98] 卓泽渊.法治泛论[M].北京：法律出版社,2001.

[99] 章开沅.中国近代史上的官绅商学[M].武汉：湖北人民出版社,2000.

C. 学术论文

[1] 白云.当前大学生法治教育的偏差及对策[J].思想政治教育研究,2002(4).

[2] 陈洁.我国大学生法治教育研究[D].上海：复旦大学,2012.

[3] 陈大文、刘一睿.从普及法律常识到提升法律素质——改革开放30年高校法制教育发展回眸[J].思想理论教育导刊,2009(4).

[4] 陈大文.课程整合背景下大学生法治教育实效性问题初探[J].思想理论教育导刊,2007(5).

[5] 陈大文、何建中.和谐社会建设与大学生法治教育——《思想道德修养与法律基础》(法治教育部分)修订说明及教学建议[J].思想理论教育刊,2007(9).

[6] 陈大文.关于大学生道德教育与法治教育有机结合的探讨[J].思想理论教育导刊,2011(3).

[7] 陈大文、林青青.全面推进依法治国背景下大学生法治教育若干重点内容解析[J].思想理论教育导刊,2014(1).

[8] 陈大文、王一冰.全面推进依法治国背景下大学生法治教育新任务探讨[J].思想理论教育,2015(2).

[9] 陈美香.论高校法治教育的现状及对策[J].法治与社会,2010(23).

[10] 陈静.试论大学生法治教育实施主体的多元性[J].法治与社会,2011(20).

[11] 曾朝夕、王卓宇.当前大学生法治教育存在的若干问题及对策[J].思想理论教育导刊,2012(11).

[12] 蔡卫忠.论加强大学生法治教育要着力把握好的几个问题[J].思想理论教育导刊,2013(6).

[13] 蔡中宏.以个体发展为基础 以社会进步为主导——关于我国素质教育价值取向的认识和思考[J].西北师大学报(社会科学版),2007(2).

[14] 储德峰.依法治国视域下我国高校法治教育的现实困境及其超越[J].社会科学家,2017(9).

[15] 邸爽、傅伟韬.新形势下我国大学生法律素养现状与对策研究[J].山东社会科学,2015(5).

[16] 董泽芳、黄建雄.60年我国高等教育价值取向变迁的回顾与思考[J].华中师范大学学报(人文社会科学版),2011(1).

[17] 董翼.大学生法治教育存在的主要问题及对策思考[J].思想理论教育,2016(3).

[18] 戴巍.试论在高校思想政治教育工作中坚持以人为本的价值取向[J].教育探索,2010(8).

[19] 房文翠.法学教育价值研究[D].长春:吉林大学,2003.

[20] 冯建军.向着人的解放迈进——改革开放30年我国教育价值取向的回顾[J].高等教育研究,2009(1).

[21] 高鸿钧.现代西方法治的冲突与整合[J].清华法治论衡,2000(0).

[22] 高志华.当代大学生法治思维培育的意义与路径[J].中国高等教育,2019(11).

[23] 胡弼成、陈桂芳.高等教育价值取向:矛盾冲突及现实抉择[J].清华大学教育研究,2005(5).

[24] 胡姝.普通高校法治教育的价值取向及实现路径[J].辽宁教育研究,2006(8).

[25] 黄蓉生.大学生思想政治教育的时代价值取向[J].思想理论教育导刊,2008(6).

[26] 龚素瓅、徐佳雯.提升新时代法治教育的实效[J].中国高等教育,2018(12).

[27] 韩延明.理念、教育理念及大学理念探析[J].教育研究,2003(9).

[28] 季海菊.多元化背景下现代教育价值取向的哲学思考[J].南京社会科学,2007(12).

[29] 蹇千东.以学生为本:当前高校思想政治教育的价值取向、目标选择与实现路径[J].四川师范大学学报(社会科学版),2007(6).

[30] 江雪松.迈向文化的大学生法治教育创新[J].江苏高教,2015(1).

[31] 李家成."学校教育价值取向"研究的反思[J].南京师大学报(社会科学版),

2003(5).

[32] 李德顺.怎样理解法治文化[J].中国政法大学学报,2012(1).

[33] 李全文.全面依法治国视域中的大学生法治教育[J].思想理论教育导刊,2016(5).

[34] 李洁珍.大学生法律信仰与大学法治教育[J].党史文苑,2005(5).

[35] 李晓兰,刘金莹.提升大学生法治教育实效性路径探究[J].黑龙江高教研究,2016(08).

[36] 刘颖.公民教育中的法制教育及其价值研究[D].武汉:武汉理工大学,2010.

[37] 刘理.高校教学评估的教育价值取向分析[J].教育研究,2006(7).

[38] 刘晓伟.关于素质教育价值取向的思考[J].浙江大学学报(人文社会科学版),2008(1).

[39] 刘志春.当前教育价值取向的特点及其对教育评价的影响[J].河南社会科学,2000(6).

[40] 刘斌.当代法治文化的理论构想[J].中国政法大学学报,2007(1).

[41] 刘春荣.关于加强当代大学生法治教育的研究与实践[J].黑龙江教育(高教研究与评估),2008(10).

[42] 刘登桥.增强公民意识与建设法治文化刍议[J].理论建设,2008(1).

[43] 林飞、李晓东.我国教育价值取向研究综述[J].传承,2009(6).

[44] 林雨菲.寓法于教,寓理于德——加强法治教育与思想政治教育相结合的探讨[J].理论界,2009(4).

[45] 梁文化.和谐社会进程中的高校法治教育新探[J].广西社会科学,2008(3).

[46] 骆郁廷、杨婷.论大学生法治精神的培育[J].湖北社会科学,2015(10).

[47] 蓝婷婷.深化文化体制改革下公民法治素质如何提升——以法治文化建设为视角[J].法治与社会,2012(8).

[48] 缪蒂生.论中国特色社会主义法治文化[J].中共中央党校学报,2009(4).

[49] 彭小凤、付增光.实施大学生法治教育有效途径研究[J].法治与社会,2008(3).

[50] 毛亚庆.论世纪转换中国教育价值取向的历史定位[J].教育理论与实践,2001(4).

[51] 彭美.法治化视阈下大学生法治教育的途径与模式[J].学术论坛,2013(3).

[52] 彭芳梅.新时期的大学生法治教育:价值、挑战与路径[J].文史博览(理

论),2015(12).

[53] 齐琳琳.全面依法治国背景下大学生法治素养的提升[J].中国高等教育,2016(13/14).

[54] 阮丽铮.大学生法治文化生成的困境及其培育路径[J].学术论坛,2017(5).

[55] 邵灵红、欧阳庆芳.试论大学生法治教育的科学化[J].学校党建与思想教育,2012(36).

[56] 田维亮、朱永兵.新时期思想政治教育价值取向变迁的人学探微[J].教育与教学研究,2012(6).

[57] 吴黛舒.影响教育价值取向的因素分析[J].齐鲁学刊,2002(1).

[58] 文江玲.当前大学生法治教育存在的问题及原因分析[J].学校党建与思想教育,2017(1).

[59] 薛忠祥.20年来我国教育价值取向研究述评[J].教育科学研究,2009(11).

[60] 徐红、董泽芳.中国高等教育价值取向60年嬗变：教育政策的视角[J].中国高教研究,2010(5).

[61] 徐继超.价值与规范：关于公民道德教育与法治教育辩证关系的理性审视[J].思想·理论·教育,2004(6).

[62] 徐蓉.法治教育的价值导向与大学生法治信仰的培育[J].思想理论教育,2015(2).

[63] 岳小佳.浅谈高校思想政治教育工作在应对大学生价值取向功利化上的对策[J].法治与社会,2012(11).

[64] 叶澜.实现转型：世纪初中国学校变革的走向[J].探索与争鸣,2002(7).

[65] 杨泽军.大学生法治教育的改革与实践[J].中国高教研究,2001(8).

[66] 杨树春.论当前大学法治教育的特点和方法[J].社会科学辑刊,1996(11).

[67] 严励.法治建设的基石——构建法治文化与提高公民素质[J].同济大学学报(社会科学版),2007(2).

[68] 张晓敏.大学生法治素养研究[D].上海：东北师范大学,2014.

[69] 张义兵.文化传递模式与教育价值取向：一种社会学分析[J].南京师大学报(社会科学版),2000(5).

[70] 张艳、张果、崔健.建国以来高校思想政治教育价值取向的历史转变[J].学校党建与思想教育,2010(22).

[71] 张继平.60年反思：我国高等教育价值取向的转向与发展[J].现代教育管

理,2011(10).
- [72] 张小虎.法治教育内容的原则定位[J].青年研究,2005(3).
- [73] 张端.高校开展大学生法治教育方法初探[J].教育教学论坛,2011(3).
- [74] 张显树、陈志夫.大学生法治教育应坚持"六个结合"[J].社会科学论坛(学术研究卷),2009(11).
- [75] 张攀.对提升大学生法律素养的几点思考[J].学校党建与思想教育,2016(5).
- [76] 张锋会.构建社会主义法治文化路径探析——以社会主义文化强国战略为背景[J].学术探索,2012(2).
- [77] 赵艳平.当前中国教育价值取向探寻——基于教育现状的反思[J].当代教育科学,2003(15).
- [78] 赵东玉、徐国亮.依法治国视阈下大学生法治理念的培育——基于山东8所大学的调查[J].思想教育研究,2017(6).
- [79] 赵晓丹、安绍强.试析大学生法治教育的内涵及重要性[J].大家,2011(11).
- [80] 郑永廷、聂立清.论社会主义和谐文化建设的基础与价值取向——兼论思想政治教育的文化视野[J].学校党建与思想教育,2007(5).
- [81] 郑航.社会变迁中公民教育的演进——兼论我国学校公民教育的实施[J].清华大学教育研究,2002(3).
- [82] 郑斌.法治文化的理论构想[N].法治日报,2007-4-15.
- [83] 郑向东.公民教育视角下大学生法律意识培养[J].学校党建与思想教育,2011(11).
- [84] 周蕾.和谐社会视域下大学生法治教育的对策思考[J].法治与社会,2011(6).

D. 外文文献

- [1] Ehrmann H W. Comparative legal cultures [J]. Bureau of Justice Statistics, 1976.
- [2] Leming Robert S. Essentials of law-related education[R].American Bar Association's National Law-Related Education Resource Center,1995.
- [3] Murray N. Rothbard: "Human Rights" as Property Rights[J]. Mises Daily,2007.
- [4] Roscoc Pound. Law and Moras[R]. The University of North Carolina PRESS, 1926.

[5] Walker G. The rule of law: foundation of constitutional democracy[M]. Melbourne University Press, International Specialized Book Services [distributor], 1988.

后 记

本书是在我的博士论文《大学生法制教育价值取向变革研究——法治文化视域的思考》的基础上修改完善而成。我深知,一部著作完成的背后,凝结着无数人的关心、支持和帮助。在本书付梓之际,我的内心充满感激之情。

首先,最要感谢的是我的导师——上海大学马克思主义学院的王天恩教授。王老师慈爱亲切,博学睿智,做学问严谨慎思,做人坦荡磊落。在我的博士论文写作过程中,王老师提出了许多宝贵的意见和建议,倾注了大量心血。对王老师的付出和帮助,我永怀感恩之心。

其次,由衷地感谢上海大学马克思主义学院的陈新汉教授和吴德勤教授。他们对书稿的观点、结构、内容以及行文措辞都给出了许多中肯的意见,使我受益匪浅。同时,也要感谢上海大学马克思主义学院的陶倩老师、刘铮老师、张丹华老师、徐鼎亚老师、申小翠老师、欧阳光明老师、徐琴老师、宁莉娜老师、范铁忠老师及周丽昀老师,他们不仅对本书的内容提出了不少有益的建议,还给了我许多鼓励和支持。

再次,本书的写作过程中,我参阅了大量文献资料,借鉴了一些中外学者的观点并引用了他们的一些研究成果,在此对各位学者一并表示谢意。

最后,本书的出版,得到了上海大学马克思主义学院和上海大学出版社的大力支持,对上海大学出版社位雪燕编辑付出的辛勤劳动表示感谢。

限于水平,本书不足之处在所难免,恳请广大读者提出宝贵意见和建议。

杨 超
2023 年 2 月 20 日于上海大学东区 2 号楼 202 室